U0531727

利势

营销36法

江南春 著

中信出版集团 | 北京

图书在版编目（CIP）数据

利势：营销 36 法 / 江南春著 . -- 北京：中信出版社，2023.11（2024.1 重印）
ISBN 978-7-5217-6076-7

Ⅰ．①利… Ⅱ．①江… Ⅲ．①企业管理－市场营销－研究 Ⅳ．① F274

中国国家版本馆 CIP 数据核字（2023）第 191561 号

利势——营销 36 法
著者： 江南春
出版发行：中信出版集团股份有限公司
（北京市朝阳区东三环北路 27 号嘉铭中心　邮编　100020）
承印者： 北京通州皇家印刷厂

开本：880mm×1230mm 1/32　印张：7.5　字数：137 千字
版次：2023 年 11 月第 1 版　印次：2024 年 1 月第 2 次印刷
书号：ISBN 978-7-5217-6076-7
定价：58.00 元

版权所有·侵权必究
如有印刷、装订问题，本公司负责调换。
服务热线：400-600-8099
投稿邮箱：author@citicpub.com

要抓住流量的红利
更抓住品牌的复利。

目录

第一章　战略即方向　/ 001

01　战略是一致性的方向　/ 003
02　成功的企业赢在趋势之上　/ 010
03　竞争的本质是对主动权的争夺　/ 015
04　追求增长应切换成价值创造　/ 021
05　成为第一胜过做得更好　/ 029
06　长期主义的本质是不断穿越小周期　/ 034

第二章　场景即定位　/ 039

07　场景是唤醒需求最直接的方法　/ 041
08　用场景创造价值增量　/ 045
09　理清产品真正要满足的场景　/ 049
10　形成最有利于自己的差异化　/ 054

11　有定位未必成功，无定位注定失败　/ 061

12　新消费品牌的定位战略　/ 067

第三章　产品即价值　/ 075

13　好产品是形成品牌力的核心基础　/ 077

14　没被占据的特性就是机会　/ 085

15　需求的终点是人性　/ 091

16　产品的价值应大于价格　/ 096

17　聚焦单一特性才能提高竞争力　/ 102

18　专注价值竞争，避免价格竞争　/ 107

第四章　品牌即人心　/ 113

19　品牌是企业最深的护城河　/ 115

20　品牌是一种身份认同　/ 121

21　势能化是赢得品牌长期竞争的关键　/ 128

22　流量红利不如品牌复利　/ 134

23　品牌的本质是心智认知　/ 141

24　品牌增长需要心智和渠道的双重渗透　/ 146

第五章　心智即阵地　/ 153

25　占据有限心智，对抗无限货架　/ 155

26 心智份额决定市场份额 / 160

27 让用户形成更畅通的记忆连接 / 165

28 影响顾客需要先说服情绪再说服理性 / 172

29 低决策成本造就高行动数量 / 177

30 打破信息茧房才能破圈成长 / 184

第六章 传播即聚焦 / 189

31 营销是一场心智的较量 / 191

32 高质量传播是品牌增长的保障 / 197

33 广告的本质是塑造正面认知 / 203

34 广告的内容要瞄准顾客心智 / 209

35 广告不仅要趁早打，还要持续打 / 216

36 过度依赖流量是自废武功 / 222

后记 / 229

参考书目 / 231

第一章

战略即方向

01 战略是一致性的方向

战略就是让你的企业与产品在潜在顾客的心智中与众不同。战略分为品牌战略和企业战略：品牌战略是企业战略的基本单元；企业战略等于品牌战略之和，就是发现新品类和定位的机会，并用品牌战略去捕捉适当的机会。[①]

确定战略目标有三条原则。(1) 首先确定你的目标是现实可行的；(2) 在资源相对有限的条件下，同一时间内，主要的战略目标只能有一个；(3) 战略的短视一定会带来急功近利的短期行为，一味地追逐短期目标就会成为投机者，即使苦心经营也很难走得长远。可行性是战略目标的首要标准，切忌同时追逐多个战略目

[①] 本段引自冯卫东作品《升级定位》第 5 章"定位理论三大贡献之二：竞争的基本单位是品牌"，略有改动。

标，一定要远离短期目标的陷阱。①

战略能够驱动战术进入顾客心智。将战术转化为战略的过程确定了一致性的营销方向，迫使你聚焦单一有力的营销行动。通常，竞争对手只在一个点上非常薄弱，这正是你要寻找的、用以发展为战略的战术。

少则得，多则惑。好战略是做减法，做少而正确的事。企业把精力分散在多个目标，就注定没有太多资源能够用在真正重要的事情上。因为资源始终是有限的，想做的太多，注定什么都做不好，反而是化繁为简、集中资源，更容易成功。

所谓战略，就是有所为、有所不为。不能在非战略机会点上消耗公司的战略竞争力量，只有持续聚焦主航道，有所为、有所不为，才能不断地提升公司的核心竞争力。什么叫主航道？别人难以替代，又可以大量拷贝使用的就叫主航道。战略只有懂得如何"略"，才能聚焦，才会有竞争力。

好的战略，是做"减法"。战略是企业的首要问题，战略错了意

---

① 本段引自宫玉振作品《铁马秋风集》"远离短期目标的陷阱：确定战略目标的三条原则"，略有改动。

味着方向错了，越努力反而离目标越远。战略要有取舍，企业不愿意做取舍就很难建立清晰的定位，也很难有足够的资源去占据定位。做"加法"是本能，做"减法"是智慧，只有聚焦、聚力才能产生强大的战略穿透力。

战略要懂得如何"略"，懂得牺牲才能稳固拥有。 战略不是企业要去做什么，而是企业坚持不做什么。不要企图拥有全产品线，不要覆盖各种各样的目标市场，不要企图吸引每一类顾客，不要试图追随每一个潮流与风口，不在非战略机会点上消耗公司的战略竞争力量。

战略不是"说出来"，而是"做出来"的。 战略本身不是能力，使战略落地并有效执行才是能力。只有战略规划，没有运营与之配合，战略就成了一句口号。企业不仅要喊口号，动作也要跟得上，投入更要跟得上。速度本身就是一种武器，战略的真正目的是立刻行动。

如果在战术上无法执行，最好的战略规划也毫无价值。 传统的营销模式是"自上而下"的：首先确定要做什么，之后再计划怎么做。然而，营销恰恰应该反着做：先找到一个有效的战术，再将其构建成一个战略。

管理是一种实践，其本质不在于"知"而在于"行"。 彼得·德鲁克认为，企业管理必须产生绩效，而产生绩效的唯一途径就是行动。没有行动力和执行力的企业，任何决策都会失灵。所以德鲁克强调，管理应该重视实践、重视行动、重视绩效，管理者应该做到"知行合一"。要想把目标变成现实，唯一的出路就是行动。

正确的大都是难的，容易的大都是错的。 越是容易的事情，越是看起来像捷径的事情，本质上都是一种战略上偷懒的行为。抄近道、走得快的企业最终都是要补短板的。企业应该把资源和精力集中在那些难而正确的事情上，而不是四处捡一大堆芝麻。

战术是解决当下，着眼于存量；战略是创造未来，着眼于增量。 亚马逊创始人杰夫·贝佐斯说："如果你考虑今后一年干什么，马上就会想到很多竞争对手。如果你考虑三年以后干什么，会发现对手就少多了。如果你思考的是五年、七年，甚至十年以后该做什么，就想不起来谁是你的对手。"你若执着于战术级的努力就会陷入死循环，所有的行为都是当下的。不要用战术上的勤奋掩盖战略上的懒惰。

不要赢了眼前，却输掉了未来。 高明的管理者，总是把打胜仗的重心放在战略布局上，着眼于布长远之局、未来之局，以终局决定布局，而不是只关注一时或一地的得失。太看重短期的得失，反而会损害长远发展。①

战略不是我们未来做什么，而是今天做什么才有未来。德鲁克说过，未来只有两点是可以肯定的：（1）未来不可预知；（2）肯定和我们预测的不一样。没有人能预测未来，在不确定的市场环境中，创造未来比预测未来更重要。企业管理者的一项具体任务就是把今天的资源投到创造未来中去。创造未来是推出新产品或服务，开启新品类的潜能。

不在非战略机会点上消耗企业的战略力量。集中兵力看起来容易，实际做起来很难，大家都知道以多胜少是最好的办法，然而企业却经常分散兵力，就是因为管理者缺乏战略头脑，在复杂的环境中迷失。集中兵力的前提是知道在什么地方集中，该在什么时间集中。胜利属于能够在决定性地点集中起最大兵力的一方。②

以不变应万变，以确定性对抗不确定性。面对未来的不确定性，企业战略应当如何展开？一是进化思维，与时俱进，针对不确定的环境进化出一种新战略，指引企业走出不确定；二是以不变应

---

① 本段引自宫玉振作品《善战者说》"第三讲 全胜：竞争的四个层面"，略有改动。
② 本段引自宫玉振作品《善战者说》"第八讲 并力：战略资源的集中"，略有改动。

万变，找到不确定性里的确定性，找到复杂商业中的终极战略。

越是不确定的环境，越要把握确定的因素，用自身的确定性来应对环境的不确定性。战争取胜的一条重要法则是不要先想着赢，要先保证自己不输，然后再寻找战胜对手的机会。在不确定的竞争环境中，你能确定的是先立于不败之地，不打无把握之仗，耐心等待战略性的机会。而要做到这一点，一需要眼光，二需要定力。①

在竞争环境中一定要识别并牢牢抓住当前最关键的战略目标。竞争战略中的一条重要原则是，你必须知道自己要什么、不要什么，必须知道自己先要什么、后要什么。必须识别出什么才是当前真正的关键性战略目标，然后按照轻重缓急对目标进行排序。为此只有暂时放弃其他目标，才能保证关键性战略目标的达成。②

战术决定战略，战略推动战术。如果战略是锤子，战术就是钉子，渗透是由钉子完成的，而不是锤子。你可以拥有世界上最强有力的锤子（战略），但是如果没有敲在正确的钉子（战术）上，营销活动就不会有效。

---

① 本段引自宫玉振作品《善战者说》"第四讲 先胜：攻守时机的把握"，略有改动。
② 本段引自宫玉振作品《善战者说》"第八讲 并力：战略资源的集中"，略有改动。

不要为了战术的胜利而偏离战略目标,也不要用简单的战术组合去取代战略。战争中经常有这样的例子:赢了眼前,却输掉了长远;赢了局部,却输掉了全局。战争史给企业管理者的一个教训是:过于陷入对局部的争夺,反而会失去对全局的把握。有很多企业因为太看重短期的业绩,反而损害了公司的长远发展。要着眼于布长远之局、未来之局,而不是只关注一时或一地的得失。[①]

[①] 本段引自宫玉振作品《善战者说》"第三讲 全胜:竞争的四个层面",略有改动。

02 成功的企业赢在趋势之上

德鲁克认为，企业家不是做管理，而是要把握未来的趋势。 企业家面临的最大挑战就是在确定的现在与不确定的未来之间做出正确的判断。必须分清楚哪些是趋势，哪些是潮流。忘掉短期潮流，把握长期趋势，才能把握未来。

在不确定的环境中，创造未来比预测未来更重要。 环境是战略的最大变量之一，在动态的市场环境中，战略意图一定要深思熟虑，而且要始终不变。同时，还要保持对形势变化的洞察力，在变化中把握机会，在不确定性中创造机会。机会一旦出现，就要果断地在选定的方向上投入强大的资源，一举打开局面。[1]

战略制定三部曲：预测—破局—all in。《孙子兵法》讲："激水

---

[1] 本段引自宫玉振作品《善战者说》"第十讲 机变：打法的机动灵活"，略有改动。

之疾，至于漂石者，势也。"湍急之水能将巨石冲走，这就是势的力量。"鸷鸟之疾，至于毁折者，节也。"鹰隼迅飞猛扑，以至于能将鸟雀捕杀，是靠掌握发动的时机和距离。因此善战者讲究"择时取势"，放大资源效能。预测是判断行业大势，破局是寻找关键时机，all in 是全力投入资源。

企业要做趋势的推手，而不是趋势的对手。 为了找到有效战术，你必须深入一线，前往商战真正发生的地点。一线在哪里？在你的顾客和潜在顾客的心智中。为了确保你的战术能适应未来，你必须了解所在品类的发展趋势，使企业定位符合市场的长期趋势。

在一个确定的方向上持续不断地投入和积累资源，可以让企业获得战略的复利。 市场竞争中的一条重要原则是：不要轻易分散你的资源，不要把时间和资源浪费在那些失败的产品和虚弱的发展上，要果断地将大部分资源都集中于巩固和强化可以取得长远优势的方向上。[①]

企业家的主要时间应该花在能产生复利的事情上。 德鲁克曾说："有效管理者与其他人最大的区别不是别的，而是他们对时间的管理。"有些管理者在战术上过于勤奋，做了太多不具有累积价值的事，不断地与平台、算法和不确定的市场博弈，只会越来

---

① 本段引自宫玉振作品《善战者说》"第八讲 并力：战略资源的集中"，略有改动。

越忙、越来越焦虑，因为没有忙在可以带来复利的事情上。

商业的本质应以是非来决定，而不是以短期得失来判断。是非即成败，做"是"的事情就成，做"非"的事情就败，而这当中会使人感到焦虑是因为短期的得失，做"是"的事情短期不一定得，做"非"的事情短期也不一定失。然而，最好以是非来判断决策，而不是得失。

谁掌握了消费的风向标人群，谁就掌握了未来。消费升级背后的动力一是中等收入人群努力打拼之后的自我补偿和自我奖赏，二是成为更好的自己，实现人格的自我跃迁。

忘掉短期热点，把握长期趋势。热点就像海洋中的波浪，而趋势则是海洋中的大潮。热点总会得到大肆炒作，而趋势却很少会引起人们的注意。热点是可见的，像波浪一样来去匆匆；而趋势则像大潮，其力量将在长时期内持久存在。

更加努力不是营销成功的关键，出其不意、攻其不备才是。很多企业制定战略是和品类的领导者做相同的事情，并努力做得更好，如同一位将军所说："无论我们在哪里战斗，只要我们更拼命，我们就能赢。"历史却恰恰相反：成功的将领会研究形势，采取对手最意想不到的大胆行动。

与显而易见的"真理"反向走，对立的观点总是有市场。趋势通常包含很多缓慢的变化，而风尚就像时尚，来得快去得也快。大多数公司都急切地追随风尚，如果你选择相反的方向则往往会成功。观察营销战中的赢家和失败者，你会发现大量成功的产品都是与当时的风尚背道而驰的。

打败你的不是更好的产品，而是全新的产品或技术。如今的公司以越来越快的速度复制彼此的优势和战略，使差异化越来越难以实现。公司之间变得越来越相似，利润率也随之降低。解决这一困境的最佳方法是培养战略创新能力和想象力。

战略创新的本质是"得民心者得天下"，要将内部运营优势与顾客认知优势紧密连接。当前，不确定性已是一种经济常态，企业家的一项重大责任便是在不确定性中去发现新机会。把内部运营的领先优势转化为外部顾客的认知优势，打造内外相互加强的战略系统，方能增强在未来的确定性。

不确定的是环境，确定的是你的竞争力和应变力。许多行业都在加速分化，品牌集中度将会大幅上升。在充满竞争的环境中，总会有有雄心的公司提前一步抢市场、打品牌、占份额。

快速崛起的中等收入人群正在重塑消费市场，他们定义了品牌、引领了潮流。 中国已经有 2.25 亿的中等收入人群，2025 年会出现 5 亿中等收入人群。未来要成功的品牌应该牢牢地锁定和影响这些主流消费者。因为这些人是意见领袖和口碑冠军，是消费的风向标人群。

与其追逐短期风口，不如把握长期趋势。 成功的企业是赢在趋势之上，必须分清楚哪些是长期趋势，哪些是短期的风口与热点。把握长期趋势才能把握未来，过度追逐热点，缺乏与品牌核心价值的结合，只会浪费企业的精力与资源，无益于品牌心智的建立。

忘掉短期潮流，把握长期趋势；不要依附流量，转而依附心智。 为什么大多数网红品牌都是昙花一现呢？核心原因是它们重潮流、轻趋势。有发展潜力的新品牌一定是吻合大趋势，能够穿越消费者偏爱周期的，而不是迎合当下的潮流化、风尚化。依托潮流建立起的新品类的生命周期非常短暂。

新品牌的入局从洞察消费者需求、瞄准趋势赛道开始。 消费升级时代，每一级消费者都有独特的需求和个性，中高端需求开始涌现。一些传统品牌无法满足消费者的多样化审美和个性需求，这就为细分领域的品牌留出了市场机会。

03 竞争的本质是对主动权的争夺

竞争是一种假设，被替代才是威胁。所谓"替代者思维"，就是着眼于如何为顾客创造无可替代的价值，建立竞争壁垒，提高顾客的替代成本，而不是仅仅关注竞争对手在做什么。企业要时刻警觉谁能够替代自己的价值，这个扫描范围远比竞争对手大得多。

无形成本和无形价值才是品牌竞争的关键。在超竞争时代，性价比等于有形价值与无形价值之和除以有形成本与无形成本之和。信任是最大的无形成本，想提升性价比就要尽可能地降低信任成本，品牌是降低信任成本最有效的方法。越是注意力稀缺的时代，品牌越重要。因此在可估价的有形价值之外，消费者还为可以彰显品位、身份的无形价值买单。

竞争越激烈越要快速行动，只有速战才能速胜。领导品牌防御过度比防御不足更安全。面对竞争对手的进攻，行业领导者要么不屑一顾，要么静观其变，这都是危险的做法，正确的做法应该是充分阻击、及时压制。

把关键资源集中到关键地点，才能最有效果和最有效率地利用资源。没有一家企业有足够的资源在所有方面压倒对手，因此在市场竞争中，集中兵力意味着必须有意识地将若干阵地让给竞争对手，而且还要使次要目标占用的资源减至最低程度。[1]

侧翼战破局的核心是避实击虚。如果想在对手布下重兵的市场展开攻势，必须有三倍甚至五倍的兵力资源才有可能与对方打成平手。任何一个组织的资源都是相对的，强和弱就像硬币的两面，要选择对手的弱点作为打击目标。

企业在获得领先地位后，要确保市场知道这一消息。很多企业认为它们的领导地位是理所当然的，因而从不利用；或者在取得了初步领先之后就停止了行动，没有对已取得的成果加以巩固，这就为竞争对手敞开了大门。企业一定要当着对手的面把门紧紧关上。巩固成功的原则是乘胜追击，争取获得最大的胜利。

---

[1] 本段引自宫玉振作品《善战者说》"第八讲 并力：战略资源的集中"，略有改动。

进攻战的原则是找到领导者的弱点出击。进攻战适用于位居市场第二的企业：（1）领导者的强势地位是重要考量因素；（2）找到领导者的弱点出击；（3）尽可能地收缩战线，集中优势资源从单点击破对方的防线。[1]

快速行动会缩短对手复制或瓦解我方优势的时间，同时可以加强我方行动的震撼性。美国海军陆战队作战条令中强调："速度本身就是一种武器，通常是最重要的武器。"市场行动不出手则已，一出手就要干净利落，以对手难以承受的速度和节奏，以爆发性的力量长驱直入。行动快速的话，竞争对手预先察觉或准备回击的时间就会缩短。[2]

牢牢控制对抗的主动权是取胜之道的核心。市场竞争本质上是围绕主动权的争夺。要引导对手进入那些对你有利而对他不利的领域，以对你有利而对他不利的方式进行较量，这样才能最大限度地发挥自己的优势，最大限度地暴露和利用对方的劣势。[3]

---

[1] 本段引自杰克·特劳特作品《大品牌大问题》"第18章 成也CEO，败也CEO"，略有改动。
[2] 本段引自宫玉振作品《善战者说》"第五讲 任势：资源效能的放大"，略有改动。
[3] 本段引自宫玉振作品《善战者说》"第九讲 主动：对抗局面的掌控"，略有改动。

领先不在于企业有多大，而在于企业所在的细分领域有多强。企业做大并不等同于领先，大的企业很有可能会分散自己的注意力，从而没有办法专注于细分领域。任何一个企业都不可能在所有领域获得冠军，否则就会掉入"大而不强"的陷阱当中。企业想取得超额利润，必须在某个细分市场处于领先主导地位。

取胜之道的原则之一是运用最关键的资源去解决最关键的问题。在决定性的时间、决定性的地点形成决定性的优势，是战争取胜的根本法则。市场竞争中也是如此，企业在集中资源和力量于较少或较有限的目标时，可能会得到更大的收益。[1]

市场的相对跟进者应该打"游击战"，守住自己守得住的山头。"游击战"适用于本地或区域型企业：（1）找到一块小得可以守住的阵地，做透一个单点；（2）无论多么成功，绝不能像领导者那样行动。

忘掉短期热点，把握长期趋势。菲利普·科特勒先生认为，当市场的领导者厌恶风险，执着于保护现有的市场份额和物质资源，并且对企业效率和利润而不是创新更感兴趣时，他们往往就会错

---

[1] 本段引自宫玉振作品《善战者说》"第八讲 并力：战略资源的集中"，略有改动。

过长期趋势带来的机会。

细分不是为了做小，是为了更好地做大。企业在没有足够的实力时，最该做的是聚焦细分市场。企业的资源总归是有限的，将有限的资源投入最易取胜的战场，才有可能集中优势兵力作战。有所为有所不为，懂取舍能聚焦，选择有利于自己的战场，就成功了一半。

避开主战场的正面对抗，开辟新战场的侧翼进攻。要想赢得心智争夺战，就不能同定位强大、稳固的企业正面交锋，可以从侧面、底下或头顶上迂回过去，但决不要正面对抗。虽然跟风有时对跟随者也会管用，但这只有在领导品牌没有及时建立定位的情况下才会发生。

用"内卷"的方式竞争，总有一天要"躺平"。企业如果在竞争中出现"内卷"或"躺平"的情况，就是陷入了同质化竞争的两个必然阶段，即过度竞争和黯然退场。这本质上是一种低水平的重复和竞争，陷入促销或流量中难以自拔。找到一个有竞争力的切入点，在消费者心智中成为品类的首选，才是防卷的秘籍。

品牌要抓住时间窗口进行饱和攻击，占据心智制高点，形成压倒性优势。在竞争中造势，就要造出压倒性的优势，集中几倍于对手的资源，在最关键的战场上形成绝对优势，使对手陷入极为不利的态势之中。对于企业来说，造势就要筑高竞争平台，抢先控制制高点，以形成降维打击。①

与其模仿不如对立，与其更好不如不同。很多公司试图模仿领先者，以为模仿"老大"就可以成为"老大"，以为模仿对手就可以打败对手。事实上模仿得越像，越无法打败对手。跟随者的模仿行为也会强化领先者的地位，高明的做法是寻找一个能令你与领先者相抗衡的对立属性。

如果你是战场上的"老三"，就要聚焦垂直地带，建立自己的根据地。当行业已经涌现出数一数二的佼佼者，"老三"的竞争策略是做聚焦，从细分领域入手，准确把握用户需求，将有限的资源集中到其擅长的核心领域之上。

研究竞争对手的最终目的不是干掉对手。研究竞争对手往往不是为了干掉对方，而是去发现竞争对手忽视的顾客需求点、未满足的顾客痛点，从而更好地满足顾客未被对手满足的核心需求。绝不能离开顾客谈竞争，一旦过度看重竞争，动作就容易变形。

---

① 本段引自宫玉振作品《善战者说》"第五讲 任势：资源效能的放大"，略有改动。

04 追求增长应切换成价值创造

增长是站在用户角度创造差异化价值，并不断沉淀和积累价值。企业如果被增长的预期绑架，就很容易陷入不断恶性循环的怪圈，或盲目跟随对手而不做开创性的事情，或计算自己的利弊得失而不去关注用户，或一味抓取资源、流量而非积累价值，这些都会让企业离增长越来越远。

破除增长焦虑的唯一方法是把追求增长的视角切换成价值创造的视角。许多企业沉浸在优化效率、抓住流量、完成增长的思路里面，不断开发产品、研究流量、优化组织、提高能力，但就是很难实现突破，一直在原地徘徊，好像进入了增长瓶颈，越想要增长离想要的增长越远。

品牌拉力应与渠道推力协同进行，形成有效的"推拉合力"。品牌的增长大都可以归于两点：品牌拉力和渠道推力。品牌拉力即品牌对消费者的吸引力，也就是使得消费者在众多商品中主动选择自己的能力；渠道推力即消费者想要购买产品时，你的产品是否更容易触达和获取。

企业真正需要的是围绕品牌定位的肌肉型增长。 企业要识别三种增长：符合和强化品牌定位的增长，属于肌肉型增长；偏离品牌定位、令品牌负重前行的增长，属于肥肉型增长；破坏品牌定位的增长会让企业失去存在的理由，属于肿瘤型增长。

企业最危险的错误就是把"发胖"误认为成长。 管理学大师德鲁克认为，把企业"发胖"误认为成长，是最危险的错误。定位理论也指出，企业要识别真正的增长，没有构建品牌核心优势、没有被顾客主动认知和选择的增长，只能属于肥肉型增长，甚至是肿瘤型增长。企业需要的是肌肉型增长，以获得顾客的主动选择或优先选择。

增长型客群往往具备三个核心特征。（1）人群数量可观，并且未来仍然呈增长趋势；（2）人群收入水平及消费水平较高（购买频次高或商品单价高）；（3）对价格不过于敏感，追求生活品质，出于兴趣爱好或精神享受而消费。

实现增长最重要的途径是在大趋势中抢先一步进行创新，为顾客创造价值赢得口碑，不断积累和沉淀核心价值。 而企业如果被增长的预期绑架，就容易变得投机，盲目抓取流量而非积累价值，盲目跟随对手而非进行创新，过度计算利弊得失而非关注顾客。

品牌才是核心能力，决定企业长期赚钱的能力。 判断一个企业的价值，往往不是看它眼下能赚多少钱，而是看它未来能够稳定、持续、低风险地赚多少钱，所以衡量企业价值的指标就是它的核心竞争力。核心竞争力决定了企业稳定、持续、低风险赢利的能力，为长期赢利提供了确定性。

品牌的高度就是增长的空间。 企业的增长路径主要分两种：一种是促销，促销可能在起步阶段有效，促多了就变成不促不销；一种是依靠流量，抓住流量红利在起步阶段也有效，但是流量成本在之后会越来越高，投放 ROI 逐渐走低，红利终将不再。既要增长又要赢利，那只有一个方法：打造品牌。

做很容易的事，就很容易失败。 降价促销是所有营销策略中最容易的，砸钱投流量也是如此。如果一个企业驱动增长的策略只是最容易的手段，本质上就没有任何核心竞争力。企业应该做"难而正确的事情"。正确的决策大都是难的，简单的决策大都是错的。一味地做容易的事情，到了关键时刻会发现自己已经失去了打硬仗的能力，那就很容易失败了。[1]

当市场渗透率达到临界点时就会自动引爆，实现指数级增长。 一个市场包括四种人群：决策者、购买者、体验者、传播者。互联网只能收集目标市场中部分消费者的数据，而效果广告也往往只投放到有数据支持的用户，忽略了其他类型的人群和他们之间的相互作用，市场渗透率难以达到引爆的临界点。

可持续增长需要品效平衡，品牌力驱动叠加数字化形成联动。 凯度研究显示：所有销售中，70% 的销售是在中长期发生的，由品牌资产贡献，而短期直接转化实现的销售只占 30%，品牌资产所带动的中长期销售效果被严重低估。

当品牌增长出现乏力时，对内要拉动复购、提升转化，对外要提升拉新、突破圈层。 从品牌用户到竞品用户、品类用户，再到跨品类用户、场景用户，只有不断突破圈层才有可能保持增长，尤其是在跨越鸿沟的阶段。实现指数级增长更是如此——流量、破圈、转化、运营、沉淀心智。

---

[1] 本段引自宫玉振作品《铁马秋风集》"对话谢绚丽：如何理解中西方竞争战略的异同"，略有改动。

企业增长要从量变到质变，品牌营销要从流量到恒量，核心在于聚焦、聚焦、再聚焦。聚焦核心产品，减少长尾产品，因为核心产品能贡献 90% 以上的收益；聚焦品牌价值，减少促销和流量依赖，累积品牌才能享受时间的复利；聚焦改变顾客行为，减少无效投放，高频打透核心媒体、核心人群才能驱动消费者行为改变和市场格局改变。

品牌的知名度，代表了品牌的渗透力。品牌的增长来源不仅是重度使用者，而且有很大部分是轻度使用者与非使用者，他们共同扩大品牌的总体销售量。原本不熟悉品牌的轻度使用者和非使用者在产生购买需求时，通常选择品类里知名度更高的品牌。

创新不是在同一条曲线里渐进性改良，而是从一条曲线变为另一条曲线。"创新理论"鼻祖约瑟夫·熊彼特说："无论把多少辆马车连续相加，都不能造出一辆火车；只有从马车跳到火车上的时候，才能取得 10 倍速的增长。"管理学大师查尔斯·汉迪将这种"从马车跳到火车的跨越式增长"称为"第二曲线"式增长。只有非连续性地跳到第二曲线里，才能够取得 10 倍速的增长。

为增长而增长是个陷阱。你能对自己做的最糟糕的事情就是让自己的身份模糊不清，因为这为聚焦清晰的专业型竞争对手敞开了大门。

有效的营销增长计划在于接触尽可能多的潜在顾客。仅针对某个特定类型的顾客群开展营销活动，很难为品牌带来持续的销量增长。如果品牌想保持增长，就必须去接触轻度及潜在顾客。因为这群顾客数量庞大，而且本来就不经常购买，如果不多去接触这群顾客，他们很容易就会忘记这个品牌。

品牌营销应把目标放在尽可能全面的人群上。对品牌增长贡献最大的往往并非老顾客，而是轻度顾客，所以不要纠结对顾客的覆盖是否精准，过于精准可能会错失潜在的轻度顾客。假如你是轻度顾客，今年只买一次某种商品，那么很可能会选择该品类的第一品牌。因为轻度顾客不愿花费更多时间研究，更倾向于从众性选择。市场份额越大的品牌往往会吸引更多的轻度顾客。

品牌增长的核心驱动要素是大渗透。品牌营销应把目标放在尽可能全面的人群上。要在池塘捕鱼，大池塘肯定比小池塘更有利。在大池塘想要有效捕鱼，就要用大一点的网，覆盖面越广，越能帮你一网打尽。

马太效应加速分化，头部品牌强者恒强。凯度消费者指数的研究表明，新品对于品牌增长和扩大市场份额至关重要。凯度在过去五年连续追踪全球 17 个市场、8900 个品牌的表现发现，头部品牌在创新和翻新方面的市场份额回报率是普通品牌的 3 倍。品牌越早占领消费者心智中的座次，越容易赢得马太效应的先机。品牌是商业世界里最大的马太效应，消费者面对不同品牌所呈现出来的强和弱，会下意识地在头脑中形成判断的优先级。在优先级的促使下，他们会对那些更有名、更强大的品牌，给予更多的关注和褒奖，从而使它们变得更强大。换言之，使品牌真正形成马太效应的是消费者。

品牌增长是由渗透率驱动的，渗透率不足难以达到引爆的临界点。
根据营销大师菲利普·科特勒的 STP 理论，要聚焦一个关键细分市场，高密度覆盖消费者，当市场渗透率达到临界点时，整个市场就会自动引爆，实现指数级增长。10 个市场 1% 的渗透率不如 1 个市场 10% 的渗透率，因为 1 个市场 10% 的消费者会引爆剩余 90% 的消费者。

品牌营销应扩大至更广的覆盖面，触及并拉动轻度与新使用者。
市场营销学教授拜伦·夏普在《非传统营销》中提出，品牌应把市场目标放在尽可能全面的人群上，真正带动生意增长的往往不是品牌的重度使用者，而是品牌的轻度或新使用者。

企业要创造未来的指数级增长，就要找到并坚持品牌的复利曲线。

很多企业只关心不断改变，却忘记了一个本质性的问题："重复+'上瘾'+长期主义"才是商业的核心奥义。当然，重复之前，先选择、判断、衡量什么是值得重复的。一旦找到，就要义无反顾地打透。

05 成为第一胜过做得更好

商战是一场各种认知之间的较量，品牌定位时要坚持"第一法则"。 做品牌要懂得心理暗示，而且要抢先对消费者进行心理暗示。市场营销中存在着一种"认知定律"：你先说了，这个心理暗示所产生的效果就是属于你的；第二家再这样说，效率就递减。

什么是第一？第一个占据消费者心智的叫第一。 在一个具有较大的市场空间的行业中，如果没有领导品牌，封杀品类往往是收益最高的选择；如果你已经是领导品牌，拓展品类和自我迭代才是最正确的选择。

占据了第一，品牌故事才动听。 只要心智中存在空位机会就要抢先占据，占据了第一，你的品牌故事才动听。与之相反的是，你很难仅仅通过动听的品牌故事成为第一。只有用户的认知是空白的，才有机会去抢占一个位置。

成为第一胜过做得更好。成为细分品类的第一，是打造品牌的最佳途径。当你开发了一个新产品，首先要问自己的并不是与对手相比有何优势，而是这个产品能在哪个品类成为第一。在潜在顾客心智中先入为主，要比让顾客相信你的产品优于该领域的首创品牌容易得多。如果不能第一个进入某个品类，那么就创造一个品类使自己成为第一。

开创并主导一个新品类，是打造强势品牌的最佳途径。品类创新对于刚刚起步的中小企业来说具有两大重要优势：一是创造吸引力，创造目标客户群的关注度；二是拥有短期内的自主定价权，因为有了创新，所以新品类、新品牌通常具备高溢价能力。

创业公司千万不要做很泛化的事情，一定要聚焦。不断反复叙说自己的独特性和行业领导性，让自己的品牌成为标准，成为常识，成为不假思索的选择。只有消费者认为你是行业的领导者，你才是真正的领导者。

成为第一，广而告之。每个品类都有领先品牌，但不是每个领先品牌都被人们所知。企业一旦获得了领先地位，就要让市场知道这个事实。当你爬上了山顶，最好插上旗子并广而告之，否则市场上的跟随者就会想方设法认领原本属于你的东西。

品牌在所属品类确立了主导地位，就应该把战略转向扩大市场。战争的最终目的是赢得和平，迫使竞争者转入零散的"游击战"。如果实现了市场和平，领导者就可以改变战略，把重心转向拓展品类，而不再是拓展品牌。[①]

品牌战略聚焦是心智战场上的认知聚焦和物理战场上的运营聚焦。主导一个品类，既要认知聚焦也要运营聚焦。认知聚焦是品牌必须主张一个独特而有价值的定位，并保持信息传达的一致性。运营聚焦是消除无效或低效的运营活动，从而提升运营效率。

企业如果占据了主导性的市场份额，利润就会随之而来。抢占市场份额才是企业最为简单而有力的目标，而非利润。当出现市场机遇时，企业的第一要务应该是抢占主导性的市场份额，然而现实中，太多企业在地位未稳之时就开始追逐利润了。

打好防御战，头部品牌将强者恒强。在商战中，处于不同市场地

[①] 本段引自艾·里斯、杰克·特劳特作品《商战》"第 12 章 啤酒战：重兵旅的冲锋"，略有改动。

位的企业要制定不同的策略去寻找机会。防御战适用于市场领导者：（1）只有市场领导者才能打防御战；（2）最佳的防御就是有勇气自我攻击；（3）必须不惜代价封锁对手的强势进攻。[①]

大而不强，不如小而首选。 做大并不等于领先，大的企业很可能会分散精力和资源，从而没有办法专注于细分领域，结果就是掉入"大而不强"的陷阱中。而在细分市场处于领先地位的企业，最大优势就是"屏蔽效应"。一旦你的品牌成为首选，在消费者大脑中就已经屏蔽了竞争对手。

不能成为头部，等于默默无闻。 生存下来的最好方法就是成为头部。原因是同一个品类中，消费者的大脑里存放不下那么多供应者。在消费者心智中，只有数一数二的企业才能存活。如果在心智中不能成为数一数二，那么和默默无闻没什么区别。

小公司要做减法，才有机会做大。 如果主流赛道被成熟品牌所主导，那用户心智中就很难再容下另一个同类型品牌。小公司要做减法而非加法，只有焦点明确的概念才有机会进入消费者心智，将所有资源、精力聚焦于消费者心智中最易取得优势的核心点，

---

① 本段引自艾·里斯、杰克·特劳特作品《商战》"四种战略形式"，略有改动。

开创并主导一个新品类，其价值远大于做主流赛道的跟随者。

品牌两极法则：要么做第一，要么做唯一。新品牌的创建基本可以分为三段路程：选准赛道，完成品类创新，做到细分类目第一。接下来就是将这一起步优势持久地保留下来，迅速成为顾客心智中的唯一。成功的品牌是另辟赛道，成为新品类的开创者，而不是跟随者和模仿者。

品类领导者要时刻关注小企业的动向，从而实现品牌的不断进化。品牌在取得品类领导地位后，会因企业规模的不断扩大和日渐臃肿而减弱对市场的敏感，甚至丧失创新能力。而在夹缝中求生存的小企业却能始终贴近战斗前线，更易捕捉和把握消费趋势，更具创新力。经营品牌资产就是日复一日在消费者心智认同和价值创新上持续投入。

06 长期主义的本质是不断穿越小周期

商业的本质应以是非来决定,而不是以短期得失来判断。在复杂的经营环境中,企业经常会遇到"做什么""不做什么"之类的困惑。坚持自己的目标,不为一时的诱惑所动是很不容易的。清晰的是非价值观可以给企业提供清楚的准则、明确的方向以及持续的动力。如果企业把成功寄托在热点和风口之上,那么热点与风口的寿命就是企业的寿命。[①]

长期主义的本质不是跨越大周期,而是不断地穿越小周期。坚持长期主义是拥有一种能穿越小周期、看透大周期的能力,并据此行动。新消费品牌通过不断地向消费者传递信号,穿越从产品到品牌、从竞品到品类、从跨品类到场景的小周期,最终在消费者

---

① 本段引自宫玉振作品《善战者说》"第一讲 五事:管理的五大要素",略有改动。

心智中建立起自己独有的认知。向消费者传递信号的原则是：信号源要强、信号覆盖广、信号不能断。

越是想走捷径，越容易绕远路。企业最核心的战略是把握正确的方向、做正确的事情。只想赚快钱的公司，通常来得快去得也快，试图走捷径、抄近道，最后往往都绕了远路。真正的长期主义者从不屑于取巧走捷径，只会稳扎稳打地布大局。

机会主义的"因"长不出长期主义的"果"。很多创始人经常会谈长期主义，但其实更常见的是机会主义，什么火就赶紧做什么，疲于追逐风口。专注是成功之道，很多人总是担心会有不好的结果，其实最怕的是没有把"因"种好。"因"决定了"果"的产出，怀着什么样的心做一件事，就会收获什么样的"果"。

坚守长期主义，才能穿透时间周期。人们往往高估了短期的动能，又低估了长期的势能，只有坚守长期主义的人才能成为王者。吴晓波在 2021 年年终秀中说，商业世界中如果有所谓的"天、地、人"，"人"指的就是我们自身，我们每个人的个人成长；"地"就是我们所从事的大大小小的事业，我们所在的产业；而"天"就是周期，浩浩汤汤，顺之者昌，逆之者亡。

只有坚守长期主义,才能跳出内卷。短期主义是以短视应对短期,长期主义则是在变局之中看清哪些是喧嚣、泡沫、杂音。以长远的视角想明白要什么、不要什么,内心才能有定力,有了定力之后才能展开深层的思考,并让企业所做的每一个动作都具有一致性和连续性。[①]

长期思维并不是短期不作为,而是一种基于复利思考的商业模式。很多人提到长期主义就皱眉头,觉得首要目标是活下去,不赚钱怎么行?但真正的长期主义并不是让你当下不要赚钱,而是不要去赚当下的最后一个铜板,把充分的精力留给未来更广阔的天空。谋大事者,不逐小利。

短期与长期的选择,其实是一个资源分配的过程。短期行为是将资源投到当前,被动应对环境的变化;而长期主义是将资源投到未来,主动塑造自己的命运。资源永远是有限的,你把资源分配到什么地方,就会收获什么样的结果。[②]

真正的长期主义,是在变化中找到"不变"。消费者群体发生了代际变迁,企业所要满足的消费者需求也发生了改变。很多企业

[①]、[②] 均引自宫玉振"浮躁的时代,我们为什么需要长期主义?"(本文修改后收入《定力》),略有改动。

为了应对这些变化，今天热衷于粉丝经济，明天又热衷直播带货。究其根本，它们只看到了变化的一面，没有看到不变的一面——人性总是不变的，消费者的心智规律也是长期不变的。企业要抓住不变的认知规律，不能盲目追逐变化。

把资源分配给能够带来价值的事情，时间的复利才会发生作用。 长期主义者要做的是不断地设想企业的核心竞争力是什么，每天所做的工作是在增加核心竞争力，还是在消耗核心竞争力，每天都要问自己这个问题。

始终围绕品牌核心价值的长期主义，才是对抗不确定性的反脆弱能力。 人们本能地对短期不带来销量的东西充满反感，抗拒为品牌资产持续投入。只想赚快钱的公司，通常来得快去得也快。在外部环境不确定的当下，品牌打造要有确定的逻辑，通过自身的确定性对抗现实的冲击和内心的焦虑。

企业的基本功能一是创造差异化的产品和服务，二是成为细分领域的首选。 企业要研究什么才是生意长期发展的核心，不能太短期主义。搞促销、搞活动不是生意的核心，产品创新和打造品牌才是。

精于计算和算计，最终往往是失算。营销不是追求方法或算法多么高明，而是思考它是否具有可持续累积的价值。只看到眼前的利益，缺乏长远的眼光，一味地追逐短期目标，就会成为投机者。即使精于算计、苦心经营，也无法走得长远。[①]

---

① 本段引自宫玉振作品《铁马秋风集》"远离短期目标的陷阱：确定战略目标的三条原则"，略有改动。

第二章

场景即定位

07 场景是唤醒需求最直接的方法

品牌是从量变到质变的过程，坚持越过拐点才会迎来提升与突破。 一切都在更新换代，消费者不再是原来的消费者，每一个场景都成了各品牌的竞技场。用什么样的方式让消费者记住，需要品牌花很多心思。选择什么样的传播方式，是品牌必须面对的选择题。

营销的本质不是贩卖产品，而是发现并解决顾客的某种场景问题或满足场景中的某种精神需求。 哈佛大学教授西奥多·莱维特（Theodore Levitt）在《营销短视症》中提到，顾客买电钻其实不是为了这个电钻，而是为了墙上的那个"孔"。如果看不到这一点，企业就犯了"营销短视症"。因此，企业要真正广义地去理解竞争对手，理解顾客需求。

场景是需求的按钮。 场景是唤醒需求最直接的方法，场景不仅包含了用户、产品、行为，还包含了时间和空间两个坐标轴。当企业用场景来思考问题时，更容易把用户需求具象化，这种具象化更容易帮品牌发现需求、创造需求、唤醒需求。

商品消费需求让位于服务消费，本质上是产品功能让位于消费场景。 根据马斯洛需要层次论，人们的基本需要分成生存需要、安全需要、情感需要、自尊需要和自我实现需要五类，每一个需要层次上的消费者对产品的要求都不一样。而当人均收入达到一定层次后，大众的需求聚焦点会逐渐上移，商品消费需求逐渐让位于服务消费需求。

只有在场景中出现能让你多看两眼的品牌，才是跟你有关的品牌。 互联网广告变得越来越可以"选择"，越来越多的人，特别是年轻人正在主动"去广告化"，能够有足够触达率的广告媒体越来越稀缺。人们每天会接触 2000 个品牌，但不在场景中出现的品牌都与你无关。

把品牌价值带入新的生活场景，为更多消费者提供新的购买动机。 很多品牌面临老化，或逐渐淡出大众视线，本质原因是新客停止增长。一旦新客停止增长，这个品牌很快会失去生命力，并且会伴随着老客老去。企业需要做的是在明确品牌定位的基础上，寻找用户痛点场景，充分触达更多消费者。

消费者形成思维惯性的基础是反复高频触达。场景广告的核心在于为消费者提供解决方案，而不是改变消费者的生活习惯。此外，打场景广告是个长期策略，在信息爆炸的今天，品牌很难做到全渠道触达，但至少要确保在可以触达的渠道上反复触达；品牌也很难做到全年触达，但至少在一段时间内要保证高频触达。

内容 × 时间 × 空间的超叠加营销会穿越消费者的遗忘曲线，直达用户心智。营销的三要素是用户、内容和场景，想要触动用户，就要适合的内容和适合的场景同时作用，这样能传递出品牌的核心价值，还要在特定的场景集中引爆。广告信号被多次重复后就变成了更强烈的事件信号，这就是营销中的"超叠加效应"。

诱因对用户的刺激频率要高，要能与产品建立清晰、专一的连接。营销学教授乔纳·伯杰在《疯传》一书中指出，诱因让产品和思想疯传。如何制造有效诱因？（1）诱因的刺激频率要高，要频繁在生活中出现；（2）人们在被诱因刺激后，要能准确联想到对应产品；（3）只有选择适合诱因发生的场景，才能激发人们的传播欲望。

市场后来者最佳商业策略包括：聚焦用户，发现心智空位；深挖

场景，强特性、强功能。用户认知上的不同，远远大于事实上的不同。在市场上看，货架拥挤、处处红海；往消费者心智里找，也许就能发现蓝海。后来者的商业策略就是要么聚焦用户、要么深挖场景。

品牌不仅仅源自品类的分化，更重要的是来自场景的进化。新人群会产生新需求，但是不一定会创造新品牌。新消费人群需求的显著特点是细分和多元，只有抓住不同的细分场景，才能锁定目标人群的消费需求，开辟全新的市场。对消费场景的洞察和抓取，是新消费企业的核心能力。

新消费品牌应该在新人类、新场景、新需求里洞察增量机会，夺取新的认知优势。所有新的创业机会的产生，都是因为在如此巨大的存量下，人们的需求无法被任何一个品牌全部满足。所有的品类都在发生一场没有硝烟的战争，你可以切入一个细分人群、一个细分场景，也可以开创一个全新的功能，成为第一。

08 用场景创造价值增量

创造新的场景,唤醒消费者需求,是形成品牌增量的有效路径。JTBD(Jobs To Be Done)是哈佛商学院教授克莱顿·克里斯坦森(Clayton M. Christensen)在颠覆性创新理论中提出的一个概念,意思是"当(场景)……我想要(动机)……以便(满足情感和生活的意义)……"。这套任务模型的前提是要有一个"场景",场景和消费者是强关联的。

人们需要的往往不是产品本身,而是产品所能解决的场景问题以及场景中的情感和生活意义。"场景"是时间、地点、人物、事件,是一个让用户积极参与、主动投入的理由。触发了场景需求就激活了商业互动的机会,这给企业带来了全新的增量逻辑。激发用户的特定场景需求,是跳出存量博弈的生意增长源泉和未来商业世界的胜负手。

在特定的空间和时间触发用户情绪，场景需求的触发是最大的商业增量。你以为用户是在消费产品，其实是在消费场景。"场"是时间和空间，"景"是情景和情绪，在特定的空间和时间，要有情景和互动触发用户的情绪。万物互联时代，到处都是网络连接的入口，但入口只是"场"，能触发情绪的"场"才是"场景"。

炒概念不如谈体验，卖产品不如聊生活。场景化可以让消费者的向往具象化，因此，让消费者具有更具场景化的沉浸式体验，在特定的空间、时间激发消费者需求，无疑可以进一步强化消费者对于品牌的心智认知。创造新的场景触发潜在需求，是形成品牌增量的有效路径。

品牌定位解决痛点，场景触发满足痒点。用户的痛点就是他的恐惧，痒点是他的需求得到及时满足给他带来的愉悦。品牌定位提供解决方案，场景触发刺激潜在需求，本质是让用户的痛点得到解决、痒点得到满足。如果不能帮用户抵御恐惧或令他们感到愉悦，那就是一个"不痛不痒"的产品。

消费趋势正从价格敏感向价值敏感跃迁，基于价值敏感性的场景成为首要法则。流量时代适合刚需，适合显性的、有规律的需求。电商平台在满足用户需求的同时，培养了用户的价格敏感性。场景颠覆了传统的流量入口，场景解决思路是：创造和激发用户的需求，解决用户在特定场景中的痛点，刺激其痒点和兴奋点，激发购买冲动。

产品是解决场景问题的手段，场景开创是商业突围的力量。场景是推动新的商业从价格敏感向价值敏感跃迁的重要方法，也是以用户为中心的关键价值观。我们应该真正为消费者设计基于场景的广告内容，其定价法则也会基于此发生深刻变化。场景才是需求，有场景、有兴趣，就会有价值的增量。

新消费品牌的下半场是一场消费场景争夺战。场景化思维分为两种：第一种是为用户提供具象的消费场景，缩短消费决策过程；第二种是避开存量竞争的恶性循环，匹配用户增量需求，制造更多的增量消费场景。

品牌认知是最大的私域流量。通过持续不断地渗透，最终在用户心智中建立起品牌资产，打造自己的私域流量池。今天的用户背后是更加明显的场景驱动和兴趣驱动，场景才是需求，产品只是解决场景问题的手段。

场景触发可以连接商品价值和用户心理需求，增加产品被消费者

选中的概率。"场"是时间和空间,"景"是情景和情绪,场景营销的本质是将生产、使用、购买场景前置,并充分利用投放渠道的场景特色,在特定空间和时间里触发用户情绪,实现与顾客需求的高效直连。

品牌认知是"炸药",场景触发是"引线"。品牌长期在用户心智中建立的认知,在特定的场景中给购买行为临门一脚,推动了自发购买。

没人知道时,要打响品牌;人人知道时,要挖透场景。企业起步时需要品牌引爆,打响知名度,当品牌耳熟能详的时候需要开创场景,触发用户的购买理由。比如,绝味鸭脖之前的广告语是"鲜香麻辣绝味鸭脖",最新广告语是"嘴里没味?来点绝味!"。新广告聚焦了追剧、露营、聚会等热门消费场景,激发消费者的潜在需求,从而创造了商业增量。

09 理清产品真正要满足的场景

理清产品真正要满足的场景，是打造场景品牌的第一步。不同的产品在不同的场景下，对应了不同的用户需求。盲目去抓用户多变的需求，往往是低效甚至无用的。当用户有需求的时候，品牌如何让他们想起自己？最好是在能产生需求的场景下，成为这个场景的第一品牌。

消费场景里隐藏着顾客的决策动机。场景即故事，有人、有环境、有行为。很多时候，产品和服务都应该先找到核心消费场景，然后再反推得到目标人群，以及价格、渠道、形象等。而有些企业往往只关注营销如何做，却忽略了背后的场景。

品牌的核心不是广告，是未满足的需求；不是产品，是未解决的痛点。因为针对未被满足的需求更容易敲开用户心智。消费者关注的是需求本身，更关注其自身未被满足的某种状态。所以，一个能驱动销售的品牌定位是激发用户潜在的需求，直击隐藏的痛点。

首选品牌往往就是消费者联想路径最短的品牌。很多失败营销的共同之处是无法让用户感觉到品牌与自己相关联，因此营销人员需要将产品和场景进行捆绑，让用户产生心锚效应，即"人的某种情绪与行为和外界的某个事物产生连接，进而产生条件反射"。

很多品牌在打广告时认为只要讲清楚产品功效和卖点，消费者就会选择自己。但实际情况是把产品放到用户面前，他们都会认为"和我无关"。如果品牌不通过场景提醒消费者，消费者很难联想到自己是否真正需要。产品卖点要结合场景进行阐述，加深用户记忆形成"场景强关联"。

好的场景广告内容可以主动创造购买冲动。场景广告是场景的开创和对潜在需求的诱导，是消费兴趣的启动和商品价值在用户场景的重新叙事，这意味着什么？意味着可以降低获客成本，降低流量成本。

广告要能够形成快速有效的兴趣激发和场景化打动。在今天这个时代，"物"本身已极其丰富，产品功能的重要地位已经逐步让位给解决方案。"人"在每个场景的痛点都需要有系统的解决方案来满足，每个"人"背后都是更加明显的场景驱动和兴趣驱动。

场景广告三要素是天时、地利、人和，结合时间、空间及受众需求，可以有效提高广告的传播效率。其中，"天时"指找到受众"注意力空闲"或"与注意力相关"的空隙，让受众停留并接受；"地利"指创意、形式可以结合投放媒介的特点，让广告充分曝光；"人和"指从用户的视野、立场、感知和情感角度出发来进行广告创作。

场景广告三要素之天时：找到用户注意力放松的空隙。如何判定一个场景中用户处于哪种状态？简单来说就是统计当前场景的用户停留时长，分析用户在该场景中的行为。用户停留时间越长、行为越集中，就越有可能处于工作模式，反之则处于漫游模式，这两种状态的区别在于用户是否集中注意力，人们都不希望集中注意力时突然被打断。选择有效的场景广告展示时机，就是找到用户注意力稍微放松的空隙。

场景广告三要素之地利：让每一次广告充分地曝光。广告的创意、形式可以结合投放媒介的特点，以实现充分曝光：按照广告曝光频次，可以把场景划分为高频和低频；按照广告展示的空间大小，可以把场景分为广域和窄域。在低干扰的狭小封闭空间中，反复高频触达才是真正有效的收视。"地利"的标准就是广告能否得到充分被注意到的曝光。

场景广告三要素之人和：广告要注重用户体验。人们需要的往往不是产品本身，而是产品所能解决的场景问题以及场景中的情感和生活意义。场景广告是场景的开创和对潜在需求的诱导，是一个让用户积极参与、主动投入的理由。

独特的场景创造了用户主动收视广告的价值。"场"是时间和空间，"景"是情景和情绪，在等电梯、乘电梯这个时间和空间里，用户天然地在片刻的无所事事中寻找信息来填补大脑的空白。

高频重复触达是令消费者产生深度记忆的关键。益普索（Ipsos）《2020年中国广告语盘点》显示，大多数被引爆的品牌均通过线上线下多渠道进行整合传播，其中密切贴近消费者生活和消费场景、曝光频次高、通过观看干扰度低的媒体渠道传播的广告对品牌记忆效果更好。

联想的路径越短，消费者就会更快想到你的产品。品牌营销常常将产品和场景进行捆绑，让用户产生心锚效应，即人的某种情绪与行为和外界的某个事物产生连接，就会出现条件反射。将产品和场景进行记忆捆绑，并对使用场景进行描述，相当于变相地提醒用户在什么场景使用它。把品牌价值带入新的生活场景，为消费者提供新的购买动机。

品牌年轻化不是战术上的创意，而是战略上的刷新。品牌老化不等于产品老化，本质上是没有为顾客提供适宜的消费动机。一些品牌在进行年轻化转型时经常喜欢做营销创意，比如跨界联名、IP 合作等。但是，这种做法如果不符合当前品牌发展的定位，没有科学的营销创意，不仅不会改善品牌和业绩，还会白白浪费营销资源。品牌价值刷新往往在于开创新的生活场景，或者为消费者提供新的购买动机。

10 形成最有利于自己的差异化

企业只有能够清晰准确地回答出品牌三问，才能大幅提高与顾客的沟通效率。顾客在首次听说一个陌生品牌时，通常会问三个问题。（1）这是什么？这一问题指向的是品牌所归属的品类。（2）有何不同？这一问题问的是品牌对顾客有意义的竞争性差异表现在哪里。（3）何以见得？这一问题问的是让品牌差异化显得可信的证据有哪些。

能够左右顾客选择的市场表现，就是品类的市场特性。品牌差异化可分为物理特性和市场特性。物理特性是产品内在的功能性利益点，如制造方法、产品标准等。当产品同质化严重时，在物理特性中寻找差异化定位就很难，此时市场特性对顾客选择的影响往往更大，如市场同品类产品的开创者、热销、受青睐等。

取长补短，不如扬长避短。取长补短追求的是一种趋近于平均主义的状态，然而在存量博弈时代，遵循木桶理论的"取长补短"往往代表着平庸，取而代之的是打造差异化价值的"扬长避短"，即在某个细分功能、人群、场景中成为首选，把一件事情做到极致，效果远远胜于做100件平庸的事。

把每一个环节都做到中等，是平庸的表现。差异化战略是集中力量加强优势，以此优势占领用户心智，占据细分市场。《哈佛商学院最受欢迎的营销课》作者扬米·穆恩通过研究发现，在面对激烈竞争时，大部分企业的本能反应是集中改善产品的弱点，但很少有企业反其道而行之，刻意回避劣势，集中力量加强自己的优势。差异化战略不是把每一个环节都做到中等，那是平庸的表现。

任何产品都要有且只有一个核心卖点，而不是很多个可有可无的卖点。那些说不上好也并非不好的功能，说得越多越会让产品变得平庸。平庸就是没有找到真正的差异化卖点，产品定位必须足够简单，必须一刀致命。

关键要素做到极致荒谬，集中优势力量击穿阈值。创建一个更大、更好的公司，从而超越竞争对手，对于初创公司而言无疑是难以做到的。初创公司更应该削尖卖点，将单一要素最大化，集中优势力量重点突破。用户不会记住平庸的产品，能让用户记住并感动的是那些近乎荒谬的品质或服务。

竞争者可以模仿特性、技术或服务，却很难复制一个独家专有的品牌。一个产品需要差异点来为消费者提供购买和拥护它的理由，而产生差异的最佳方式是创新。如果创新能够给产品带来实质性的、长期的差异点，那么这一创新就需要被品牌化，将其贴上品牌的标签，否则产品营销就会变得异常艰难，而且很容易被模仿。

"创新"不如"创新感"，产品优势要变成认知优势。促销常态化、竞争同质化的底层逻辑都是缺乏差异化价值。差异化价值并不是有了创新就可以，而是要将能让消费者感知到创新的动作进行到底，能够被消费者感知的创新才是真正的创新。

企业必须形成最有利于自己的差异化，并将产品优势转化为消费者认知优势。很多产品陷入同质化的原因，是把品牌打造让位给了促销活动，广告由销售导向转向娱乐观众，企图取悦人心但不能穿透人心；同时因为没有清晰的差异化价值，从而转向了价格诉求，让企业利润越来越薄。

流量红利总会过去，品牌才是持续的红利。许多网红品牌虽然吃到了流量红利，但对流量有很大的依赖性，只要停止流量投放，销量就大幅下滑。网红品牌只有在消费者心智中建立起清晰的品牌差异化价值，才能构建长期的核心竞争力。

穿越噪声的核心是找到有竞争力的切入点，通过中心化引爆建立品牌共识。 企业在将信息传递进消费者心智的过程中，时刻充满着噪声的干扰，如何才能穿越噪声？核心是聚焦差异化价值，在消费者心智中找到有竞争力的切入点，通过可见度非常高的中心化媒介以最简单直接的方式引爆品牌。

没有什么不可模仿，关键在于消费者会想起谁。 消费品行业其实没有什么是不可模仿的，最重要的是消费者会想起谁。首先，必须开创差异化价值，要么开创一个品类，要么开创一个特性。其次，抓住创新的时间窗口，在消费者心智中让品牌成为品类的代表，完成这个心智固化，就构建了品牌护城河。

要么成为头部，要么开创新品类。 存量博弈时代，只有两类企业能成功：第一类是头部企业，存量市场中消费者心态更加谨慎，头部品牌更容易赢得信任；第二类是有真正独特创新的企业，开创了一个趋势性的新品类，成为某个细分市场、细分人群、细分场景的首选。

品牌建设和品牌引爆的确定性因素包括：建设差异化的品牌和讲好心智故事，锁定用户必须经过的时空集中引爆。 品牌势能 = 品牌差异化 × 心智锐度 × 到达强度，绝大多数碎片式营销看似无处不在，但轻、软、无序、无指向性，因此不具备穿透用户心智的品牌势能，也意味着极大的不确定性和更大的品牌心智到达难度。

好产品总会被模仿，好品牌很难被模仿。 品牌大师戴维·阿克在《管理品牌资产》中提出：企业做什么通常很容易被人模仿，然而企业是什么却要难模仿得多。换句话说，品牌资产是企业获得持续性竞争优势的基础，虽然产品容易被模仿，但差异化的品牌认知一旦进入顾客心智，就很难被模仿。

品牌资产的三大要素包括：有意义、差异化、突出性。 凯度最具价值中国品牌 100 强榜单中，排名越靠前的品牌，在"有意义""差异化""突出性"方面的表现越优秀。有意义，即提供什么样的价值，用来满足消费者的物质或情感需求；差异化，即与众不同，是否代表潮流和趋势；突出性，即消费者想起这个品类时能否立刻想起这个品牌。

大部分新消费赛道的新兴企业，都欠着两笔债。 一笔是促销常态化的债，本质是缺乏溢价能力。另一笔是竞争同质化的债，本质是缺乏差异化特点。产品不仅要创新，更要有创新感，只有被用户感知的创新才叫创新。

只有不断重复的或令人印象深刻的差异化信息，才能赢得顾客有限的心智容量。 心智应对容量有限的一个重要方法，就是只为一个概念记忆少数实例，心理学家乔治·米勒的"7定律"说明，普通顾客只会为一个品类记忆最多7个品牌。心智应对容量有限的另一个重要方法，就是快速遗忘不重要的信息。

只有一以贯之的差异化概念才能有效进入消费者心智。 品牌传播最忌讳的是概念多、杂。从外部看，消费者的心智空间是有限的；从内部看，本来不多的资源还要被分摊给众多的概念。传播的核心在于围绕目标消费者去构建概念的连贯性、动作的持续性，逐步推高动作的量级。

营销战术应以差异化为导向，让竞争对手无法迅速复制。 营销既要抓住自己的忠实顾客，又要设法从竞争对手那里抢到顾客。大部分营销项目都会发放优惠券、返点、促销打折，你会赢得短期褒奖，但竞争对手随后就会跟进。只有竞争对手不能很快复制，你才有时间窗口去抢占顾客心智。

产品卖点是市场营销的前哨站。没找对卖点，销量很有可能要掉一个0，千万级的爆款就变成了普普通通的商品。卖点提炼也是产品传播的中心，一个卖点你先讲了，那它就是你的，竞争对手再讲就变成了模仿你，变成了帮你做宣传。新品牌入局的关键是产品差异化卖点的有效提炼。

用户认知是企业的终极战场。如果在消费者心智当中不具备跟竞争对手相区别的认知优势，陷入价格战、促销战、流量战就只是个时间问题。

11 有定位未必成功,无定位注定失败

定位理论的有效性源于心智规律。很多人认为定位理论是工业时代的理论,在互联网时代就失效了;也有人认为定位理论生效的前提是大竞争时代或同质化竞争环境。其实互联网改变的只是配称所涉及的技术手段特别是沟通手段,竞争环境改变的只是定位和配称的难度,两者都没有让心智规律失效。

成功的定位是一种记忆机制,从而在消费者端产生品牌回忆和品牌再认。定位其实是一种"记忆机制",通过广告,让品牌以一种简单、差异化的方式进入消费者心智,建立起"品类=品牌"的记忆。定位理论还决定了"品牌回忆",消费者在购买某一品类产品时,大脑里能自动联想到某个品牌,完成品牌联系。

心智资源比传统生产要素更值钱,即在顾客头脑里拥有独一无二

的优势位置。 有些企业暂时不赚钱，为什么估值还很高？原因很简单，它在顾客头脑里有一种更值钱的资源，比资本、土地、劳动力这些传统的生产要素更值钱，我们把它命名为心智资源。

定位战略的核心是夺取顾客心智资源，让品牌在顾客心智中成为品类代名词。 定位可以分四步进行，也称定位四步法：第一，分析外部环境，确定竞争对手；第二，避开竞争对手在顾客心智中的强势位置，或是利用其中蕴含的弱点，确立优势位置；第三，寻求信任状；第四，将定位整合进企业运营的各个环节，特别是传播上要有足够多的资源，将定位植入顾客心智。

战略就是创造一种独特、有利的定位。 企业最高管理层的核心任务是制定战略：界定并传播公司独特的定位，进行战略取舍，在各项运营活动之间建立战略配称。

有效的战略配称是消除多余动作，增加强化品牌定位的运营活动。 品牌在确立差异化定位后应建立有效的战略配称，将品牌名、产品、包装、价格、终端形象、广告、代言人、公关内容、员工话术等要素指向同一个方向，力出一孔，传递与品牌定位一致的信息。

品牌定位就是做减法、做舍弃，聚焦用户心智中最易取得优势的

核心点。品牌定位就是专注在用户心智中打造核心竞争力，要在无数诱惑下将所有资源、精力集中投资于在最核心的受众心智中建立最核心的价值认同。

定位并不是对产品做什么，而是对消费者心智中根深蒂固的认知做什么。当你推出新产品、创建新品类时，务必找到一个对应的旧品类，因为直接去创造某种并未存在于消费者心智中的新概念是危险的。新品类的首要任务是通过关联旧品类，建立消费者对于新品类的熟悉感和好感。不要去创造，而要去发现，要关联旧认知而非直接创造新认知。

定位并非无中生有，而是以旧立新。当找到了一个用户心智中已经存在的认知，那说服用户的决策成本就会极低。

有定位未必成功，无定位注定失败。企业要让消费者知道你是谁，和别人有什么不同，首先要明晰自己的品牌定位，即独特的差异化价值，并集中足够的资源去占据这个定位。在消费者的心智中占有一席之地，品牌就成功了一半。如果没有清晰的品牌定位，很容易迷失在传播的丛林中。

定位越窄，品牌越有力。但凡优秀的企业，往往都会通过一个鲜明的符号让消费者记住。缩小目标、分门别类、尽可能简化，这是在传播过度的社会环境中获得成功的法宝。

一个好的战术定位应该是：产品的优势点＋与竞品的差异点＋消费者的痛点。切忌三大优势、七大卖点的定位，切忌假大空的定位，切忌无关消费者痛点的定位，切忌与对手相似的定位，切忌产品无法达成的定位。

重新定位竞争对手，设法在领导者的强势中寻找弱点。观察顾客可以发现，他们中有两种人：一种希望购买领先品牌的产品，另一种则不想。潜在的排名第二的品牌就必须去吸引后一种顾客。通过将自己定位为与领导者不同的角色，可以把那些不愿意购买领先品牌的顾客吸引到自己这一边。

寻找增长型客群和差异化定位，是品牌商的头等大事。拆解品牌增长背后的共性基因，可以发现一些相似之处：所选择的客群具有增长性，具有差异化品牌定位，并且以强有力的品牌曝光，将以上两个关键要素发挥到极致。

聚焦不仅针对传播，更针对公司资源的有效配置。当定位明确后，几乎可以立刻识别出企业投入中是哪 20% 的运营动作产生了

80%的绩效，通过删除大量不产生绩效的运营动作并加强有效运营，大幅提升生产力。

好的品牌名应当具备定位沟通和二次传播的效率优势。对降低信息费用而言，投入产出比最高的就是定一个好名字——支持定位的好名字，将会呈数量级地降低传播成本。给品牌起名时应当遵从四大要点：品牌反应，定位反应，易于传播，避免混淆。

战术即创意，寻求战术即寻求创意。换一个方向思考问题，有时会获得意想不到的重大发现。维克斯（Vicks）公司曾经研制出一种新的感冒药，虽然效果好，但会使人昏昏欲睡，你如果正工作或开车，这种药可能会帮倒忙。然而，他们将其定位成"第一种夜间感冒药"，这成了维克斯历史上最成功的感冒药。

老品牌经过重新定位，可以焕发出巨大生命力。IBM通过重新定位为"集成电脑服务商"而重获辉煌。百事可乐利用可口可乐强势中的弱点，界定了自己是"年轻人的可乐"的新定位，走出光辉大道。云南白药创可贴通过"有药好得更快些"，重新定位，以应对强势品牌邦迪，从而反客为主成为领导品牌。

定位不是追求新奇独特，而是要找到一个方向，集中在这个方向

上积聚品牌力。定位不是无中生有、博人眼球，而是要运用外部思维，站在顾客的角度去看待自己的产品，把他们对你已有的认知提取出来，找出对你最有利的形象，然后强化它。

定位行动的最终目的是在某个品类取得领导地位。竞争品牌抢先主张了一个定位，并不代表它已经占据了该定位。如果竞争品牌的知名度低、市场份额很小、经营能力较弱，而你的企业实力强大、经营能力很强，就可以后发先至，以更快的速度和更高的效率去抢占定位。

"老二"最好的进攻方法，就是把"老大"的优点变成缺点。当行业中已经有领导品牌，"老二"最好的办法是与"老大"的优势点反着走，而"老大"很难跟进覆盖这一路径，因为这会让"老大"丢失原有的优势。

品牌必须构建与定位一致的事实，才能长久支撑差异化定位。了解特定事实的信息费用会随着时间推移而下降，品牌定位是潜在顾客选择你的主要理由，但老顾客是否会继续选择你或成为你的口碑，则更多取决于他们通过产品体验而认知到的事实。

12 新消费品牌的定位战略

新消费企业始于产品，成于渗透，立于品牌。首先，对产品品质的追求，是做品牌的基础。其次，渗透是个圈层的概念，一是在同一类人群中渗透，二是在跨圈层人群中渗透。最后，品牌是企业的经营结果，这个结果是在提供叫好又叫座的产品之上、在不断地对消费人群渗透之后而出现的结果。只有破圈成为公众品牌，才会叫好又叫座！

新消费品牌上半场追求爆品打造，下半场聚焦长期主义。越来越多的新消费品牌正在利用爆品的短期流行去带动品牌的长期经营。爆款产品只是支撑品牌存活的载体，品牌塑造与经营才是维持企业长久发展的内核。

新消费品牌的打法趋势：从种草到种树，从流量到留心。新消费品牌正在进入一个新的阶段，比起做一个销量好、增长快的电商爆品，通过线下铺货和品牌广告引爆价值、构筑壁垒，是更迫在眉睫的事。"种草"红利已经结束，"种树"更能形成优势和壁垒；流量红利消失，从流量打法转为品牌打法成为必然。

新消费的流量思维往往导致一个问题，即"爆品的狂欢"而非"品牌的胜利"。为什么有些新消费被称为厂牌，而不是品牌？最关键的原因是这些品牌所表现出来的运营节奏太过于践行流量主义，只带货而不带品牌，渴望快速形成规模。但规模向来不是消费品的壁垒，品牌才是。引爆流量不等于引爆品牌，流量红利无法沉淀品牌资产。

消费者因流量而聚拢，最终因品牌力而沉淀。在互联网时代做一个新品牌，成名的路径被迅速缩短了，众多爆品的涌现主要是因为新消费者与新流量的机会。然而，成为一个网红品牌带来的是流量，而不是品牌。品牌意味着信任和认可，而流量仅仅是注意力。只有成为社会共识，才能真正成为公众品牌。

经营思维的本质是为品牌的增长服务。品牌投放思维有三种层次：捡钱思维、挣钱思维、经营思维。大多数新消费品牌只停留在捡钱思维和挣钱思维，所以陷入流量内卷中难以自拔。只有升级成经营思维，品牌才能从源头上实现高效投放。

品牌的价值在于"品牌＝品类"，这个等号画得越快越值钱。品类小而美、产品窄且深，正在成为新消费品牌进入行业赛道的破局章法。大而全的做法在当下已经不再适用，发现和选择新的品类机会，才是品牌新机会。新消费真正的挑战不在生产端、供应端，而在认知端、洞察端。

新消费品牌可以先做美誉度培养忠诚粉丝，后做知名度破圈引爆品牌拉升销量。常规品牌发展 AIPL 模型是从认知（awareness）到兴趣（interest）、再到购买（purchase）和忠诚（loyalty），而许多新消费品牌则从相反路径出发，先通过社交种草赢得小部分核心粉丝产生购买和忠诚，在粉丝参与反馈优化了产品体验后，再做知名度和认知度，通过品牌广告破圈，用户上网搜索看到粉丝好评如潮则进一步产生购买冲动，从而引发下一轮销量突破。

塑造破圈内核，品牌战略构建有三大关键点。（1）明确品牌定位（塑造破圈内核），创建认知优势，找到独一无二的顾客价值；（2）打造超级单品（树立破圈先锋），以超级单品作为品牌高效沟通的载体与破局先锋；（3）升级运营体系（形成破圈闭环），系统规划与提升企业的传播力、渠道力。（这三点有效结合可以让新消费品牌实现 10 倍增长。）

沉迷流量而忽视品牌，如同"买椟还珠"。 有些新消费其实正在做"买椟还珠"的事情。虽然买了很多流量产生了交易，但流量是竞价的，当涨到有一天你投不动的时候，你会发现自己的品牌价值没有被沉淀，也没有在消费者心中留下任何品牌认知。要投资在消费者对你的品牌认知上，累积固化品牌的核心竞争力，这才是真正的"珠"。

竞争不在于货架、不在于对手，而在于抢占消费者的认知空白。 新消费品牌的创业关键点是要找到更细的赛道，任何一个赛道一旦进入寡头竞争阶段，就意味着进入成本已经很高了。进入成本不仅包括供应链的生产成本，更多的是市场端消费者的认知教育成本。

新消费的终局是创建"心域流量"。 对于很多靠种草和流量起家的新消费企业而言，流量只是起点，新消费品牌塑造的终极追求是构建可以与消费者共鸣共振的"心流体验"，将公域流量、私域流量都转化为"心域流量"。消费市场从功能消费走向意义消费，消费观念也从性价比转向"心价比"。

线下品牌广告与线上流量广告的合理配置，将是品牌"破圈"实现跨越式增长的最优解。进入新消费下半场，新品牌如果无法"破圈"，在消费者心智中占据品类的首选，就很容易被困在流量里，陷入增长瓶颈和利润危机。新消费品牌想要跳出流量困局，要在流量进入瓶颈时，转向品牌广告破圈，实现拉新和促进转化。

新消费品牌要向老消费品牌学习三件事。第一是供应链的能力，没有供应链的品牌是走不远的；第二是线下渠道铺货的能力，线上是无限货架、无限心智，线下是有限货架、有限心智；第三是抢占心智的能力，抓住消费本质，抓住渠道渗透率和心智渗透率。从"爆红"到"长红"，短期看规模，长期看心智。

流量本身创造不了品牌，品牌心智塑造需要理解受众的心智规律。新消费下半场正从流量战转入品牌战：短期看规模，即通过全网种草、直播红利以及强折扣力度，迅速拉长规模优势；长期看心智，品牌积累起数量级的规模后，需要重新回归品牌心智，集中引爆迅速封杀品类，实现从网红品牌到公众品牌的跃迁。

品牌只有在消费者心智中长期累积固化才能产生复利效应。人群红利、品类红利、流量红利帮助了新消费品牌崛起，但这些因素都是短暂的，竞品会马上跟进、拉平优势，品牌只有真正植入消费者心智，不断累积固化价值认知，才能产生复利效应，这才是新消费品牌最大的时代机遇。

新消费品牌源于品类红利，起于渠道红利，成于品牌红利。新消费品牌的崛起首先是吃到了 90 后、00 后这代新人群新需求的红利，接着吃到了新渠道、新流量的红利。虽然新人群、新需求会催生出新一代品牌，但新渠道、新流量红利都是短暂的，新一代品牌只有将差异化价值植入消费者心智，固化价值认知，才能产生护城河，享受复利效应。抢占人心、抢占线下，是新消费品牌下一阶段最大的机遇。

商战的终极战场不在物理市场，而在心智空间。真正的竞争发生在消费者的心智之中，虽然市场很大，但消费者心智的容量就那么大。留给新消费的时间也不在物理时间，而在消费者的心智时间，心智空窗一旦被占据，将很难改写。只有占据了心智战场，物理战场才能有效转移。

新消费品牌扩大战果的必经之路是做大品类、破圈扩展。每一个新消费品牌，都有成为大众化品牌的野心。新消费品牌向大众化品牌跃迁的路径可以归纳为四大阶段：挖掘隐性需求的初创期、代言品类的发展期、做大品类的成熟期和破圈扩展的延展期。

"快"是渠道的高效率,"消"是新消费的崛起,"品"是品牌的力量。从创造需求到赢得市场,快消品的经营方式已经从逻辑上发生改变,拥有洞察、改变和引领趋势的能力。新消费品牌崛起的底部逻辑,其实是新一代年轻人消费意识的自我觉醒。

第三章

产品即价值

13 好产品是形成品牌力的核心基础

产品要让用户产生熟悉感，迎合用户潜意识下的选择。人们做出一个动作，很多时候是在意识启动之前，就已经基于潜意识建立了判断。因此，一个产品如果引发用户启动意识、让用户思考，在某种意义上就是推开用户，因为思考意味着顾虑和防御。好的产品是要顺应用户的直觉，避免触发防御。

成功产品需要持续投入资源来维持其势能。用成功产品的利润去资助失败产品是多元化企业的一个典型策略，这只会削弱公司把资源倾注在成功产品上的能力。如果行动不够迅速，你的前期努力很容易成为他人的嫁衣。

发挥优势，胜于弥补劣势。企业往往对弥补劣势有着加倍的热情，投入太多精力考虑如何让不具优势的产品摆脱困境，却舍不得花时间和资源考虑怎样让成功的产品更上一层楼。正确的做法应该相反,把打败仗的毙掉,并将资源配给正在取得胜利的产品。

巩固胜利,放弃失败,乘胜追击是原则。假定一家企业有五款产品,其中三款获得了成功,另外两款失败了。试问哪种产品会占据管理者的时间和精力呢?通常是失败产品。所以正确的做法应该是去除那两款失败产品。

全力以赴持续投入巨大资源,是抵御竞争对手的最佳方法。不要用公司优势业务赚来的钱去支持失败的业务,成功产品需要资金来不断维持其势能。早期成功后就止步不前,会成为竞争对手的活靶子。

如果无法取得绝对优势,就要在决定性的地点创造相对优势。行业挑战者应该在尽可能狭窄的阵地上发动进攻,若是一下子在非常广阔的战线上投入多种产品,发动全面进攻,企图获取尽可能多的领地,最终往往会丧失所有领地。

消费者想要的不只是一个产品,更是这个产品能带给他的变化。你的产品没人买,往往不是消费者没有钱,而是他们不愿意花钱。今天的消费者想要的不仅仅是产品、功能,还有意义,即某种归属感。贩卖产品只是在告诉消费者他买到的是什么东西，而贩卖意义则是告诉他买了之后会有什么变化。打动消费者的不是企业卖什么，而是"你是否代表了我"。

爆品的打造是一门"玄学"。即便做到了极致性价比、高颜值也不一定能够卖爆。因为爆品通常是市场红利、供应链红利、渠道红利等多个条件叠加的结果，而且互联网时代的爆品太容易跟风，很难建立差异化壁垒。如果不能保证产品好到无法复制，那么品牌才是最好的护城河。

场景聚合 + 人群聚焦 + 渠道聚焦 = 孵化核心爆品。爆品孵化有四部曲，分别是：第一，有品牌的价值主张，反复打磨产品；第二，进行小范围测试，确定主推的产品；第三，结合新渠道，聚焦资源、重"兵"投入打造爆品；第四，打透核心渠道，建立口碑复购，撬动新一轮的飞速增长和沉淀。

永远不要脱离产品去谈品牌建设。品牌价值承诺和产品之间的匹配是相对的，说多少、做多少，做多少、说多少，不要用力过猛地夸大宣传，更不要背离产品去说品牌价值，很多新品牌遭遇负面评论的根源就是产品和品牌价值承诺是脱节的。产品是品牌价值承诺最重要的载体。

产品包装是企业自有的宣传媒介。产品往渠道一放、往货架一摆，就是企业免费的自有宣传媒介。虽然产品自己不会说话，但好包装让产品会说话。怎么做包装？像做海报一样做包装，放大了是海报，缩小了是包装。好包装，让产品会说话。

机会往往来自外部的市场，而不是来自企业家自身的愿望。有的企业家非常注重公司内部管理，但往往忽略了消费者的感受，没有意识到今天的市场已经供过于求，同质化的产品难以成为消费者的优先选择。

多即是少，少即是多。一个品牌旗下产品越多，市场越大，战线越长，赚的钱往往越少。目标太多等于没有目标，有时候单点突破远胜于面面俱到。品牌聚焦一个品类或一个特性，成为消费者不假思索的选择，利润才能最大化。

用户体验的核心要素是峰值和终值，要集中资源打造峰值体验、营造美好终值。诺贝尔经济学奖得主丹尼尔·卡尼曼提出"峰终定律"：用户体验的核心因素是最高峰和结束时的感觉。平庸的用户体验无法成就产品，在资源有限的情况下，产品要做的是在不触碰用户忍耐底线的前提下，使用户拥有美好的峰值和令人回味的终值。

好产品是形成品牌力的核心基础，品牌力是放大产品优势的关键。产品力是一切价值创造的根源，优秀的产品设计和品质控制会带来持续的消费和良好的使用体验。品牌是强化产品力的重要手段，代表一种社会信用；产品则是具体的社会契约，良好的社会信用使得社会契约的效率更高、成本更低。

新品牌入局的关键是产品差异化卖点的有效提炼。产品卖不好 90% 的原因往往不是产品的问题，而是卖点选取与消费者需求的适配性问题。产品在推向市场前，可以有各种功能、各种特色，但这些都是假象，不把产品放在真实的市场上，永远不知道哪些卖点是能够带来真正的结果的。

产品要成为消费的符号，才能获得真正意义上的品牌溢价。产品是满足消费者需求的有形和无形的组合，包括了核心产品（如功能、利益、价值等社会属性）、形式产品（如包装、形式、外观等物理属性）、附加产品（如理念、故事、价值观等精神属性）。

真正的爆品主义不仅有极致的产品，还要建立极致的品牌认知。当品类空缺、没有品牌时，爆款的产品往往会成为品牌。一旦出现爆品，就要乘胜追击，广泛传播品牌热销，让爆品的销量成为品牌的信任状，进而将产品销量转化为品牌声量。

认知不好，产品徒劳。 当一个品牌的认知处于劣势，消费者甚至连它的产品都不会去尝试，产品有再多的卖点也是徒劳。消费者在进行决策之前，就通过认知这道程序把大部分产品先过滤掉了。

产品是火，品牌是油，品牌是产品价值的放大器。 产品是基础，消费者是通过体验产品所承载的功能、利益而逐步建立对品牌的认知。换句话说，消费者使用的是产品，选择的是品牌；体验的是产品，评价的是品牌。产品的存在感不在于货架的排面，而在于品牌在顾客认知中的位置。

产品是一个企业对品牌营销的核心理解。 营销从发现、满足需求出发，第一个落脚点就是产品。品牌价值承诺和产品之间的匹配是相对的，不要用力过猛地夸大宣传，更不要背离产品去谈品牌价值。产品是品牌价值承诺最重要的载体。

不要努力做得更多，而要努力做得更少！ 面对诸多挑战，不要比以前做得更多，而是要做得更少，聚焦产品创新，聚焦消费者心智打造。一个面面俱到的产品是不存在的，只有在某个细分的功能、人群、场景成为首选，才能杀出重围。目标太多等于没有目标。

用户痛点是油门，产品尖叫点是发动机，集中引爆是放大器。 一个产品想成为爆品，要反复高频向用户心智注入同一则信息，形成集中化的共振式传播。

单点突破胜于面面俱到，成为首选才能杀出重围。 很多产品面临的问题是品质过剩和品质不足同时存在，技术过剩和技术不足同时存在，因为这些企业在设计产品的第一天就不确定要卖给谁。企业定位要精准清晰，要聚焦产品创新，聚焦消费者心智打造，力出一孔的时候势能才会更大。

为什么产品有卖点，却卖不出货？ 有很多企业经常这样打造卖点：盘点产品所有的卖点，挑出最大的那个卖点，把它扩展成一句话。这样虽然定位也做了，也重复传播了，结果还是打了水漂。很重要的原因是没有击中用户心智中的那块自留地，人心是这个世界上最贵、最难以被收买的。缺乏用户视角，只想出了产品的卖点，是不能切中用户买点的。

销冠的广告语更具销售力，也意味着其中包含了有效的定位。 竞争中要找出自己产品的独特性，不要相信市场怎么说，而是要相信最前端的销售冠军。他们之所以成为销售冠军，一定是说对了什么，最终击中了用户心智。

大声讲出来的产品主义，就成了品牌主义。企业的核心经营成果是品牌，而不是产品。如果不能打造品牌，没有将产品优势转化成顾客的认知优势，那么极致的产品主义反而会带来巨大浪费，这再一次印证了企业内部只有成本，没有成果。

14 没被占据的特性就是机会

新品类不仅是新技术，也是认知上的开创。任何创新技术的突破，如果没有实现和顾客认知的关联，就是没有意义的。品类创新不仅是技术或产品的发明，也是新品类的率先定义，率先进入顾客心智，形成"品牌＝品类"的认知，最终成为品类之王。

时间窗口的本质是，认知尚未被占领，心智处于空窗期。判断一个行业是否触及天花板，要看顾客的心智市场是否还有机会。物理市场永远是饱和的，即使货架上琳琅满目，但只要顾客心智中空空如也，就意味着仍然存在心智窗口期，这时物理市场就算竞争激烈也只是处于价格战的竞争低维度阶段。

开创品类只是事实领先，主导品类才是认知领先。开创新品类并不意味着能够成为品类的首选，因为潜在顾客的心智中并不知道谁是开创者。有些品牌虽然不是品类的开创者，但是通过占据顾客认知成了品类代表者。对品类开创者来说，最重要的就是进行饱和攻击，确保战果，让潜在顾客知道谁才是第一品牌。

心智阶梯启于分类，阶梯有限而品类无限。人们可以记忆庞大数量的品类，但是在同一个品类中，大脑能存储的品牌却极其有限。已有的品类即使提供了更好的产品，往往也无法被顾客心智存储；即使能存储，机会也非常有限。但顾客心智对新品类的存储空间是无限的，所以新品类的机会也是无限的。

品牌只有明确品类归属，才能有效对接顾客需求。人们对新事物的学习，首先取决于它的"品类"归属，其次是对其"特性"的了解。要想准确对接客户需求，首先要明确产品的品类归属。把产品定义到不同品类，对接不同需求，产生的价值也不同。

强势的品牌源于强势的品类，不要只盯着理论上的细分客群，应该针对品类顾客做品牌营销。传统营销理论认为，品牌可以针对不同的细分客群精准营销，成为"小而美"的品牌。但现实中不存在永恒的"小而美"品牌，要么增长，要么停滞。品牌客群之间最大的差异，不在于个性特点、价值观等等，而在于规模大小。

对于无威胁的竞争，要引导其共同做大品类。创业者做任何一种创新，都会马上有同类竞争的跟进。要准确判断同类竞争的性质，对自己无威胁的竞争应该容纳，既然开创了一个新品类，就应该吸引同类的竞争，共同来做大品类。

顾客需要的但还没有被对手占据心智的特性就是机会。品牌经营者一方面要关注顾客需求，另一方面也要关注竞争。竞争对手和你一样，也想给顾客提供价值。如果你仍要去抢占同样的价值，就会造成同质化竞争。一旦品牌走进同质化竞争，就陷入了苦战。

"老四"要打侧翼战，开创新品类。"老大"已经封杀品类，"老二"已经占据特性，"老三"垂直聚焦，而新进入者就要在无人地带降落，开创新品类。

品牌要尽早将品牌与品类关联起来，形成"品类＝品牌"的认知。要想做新品类优等生，最重要的是对市场和消费人群有敏锐的洞察力，把握品类分化的节奏，选择最佳窗口期进入，太早进入消费习惯还没形成、认知成本高，太晚进入又过了红利期，竞争也会加剧。

封杀品类，阻断对手。当你有一个机会封杀品类的时候，要有足够的饱和攻击去封杀品类，这样一方面你自己的赛道会扩大，另一方面会堵住对手的跟进。

企业的首要目标是成为品类的代名词，占据主导性的市场份额和心智份额。 企业往往倾向于追求利润最大化，其实在新市场出现时，企业的第一要务应是以快速的行动夺取具有压倒性优势的市场份额，成为消费者心智中的第一，获得领导地位。

大赛道只剩小机会，小赛道才有大机会。 对于消费品来说，真正的创新是品类创新，利用小赛道去切入发展，成为品类代名词，更容易从市场竞争中突围。例如妙可蓝多选择儿童零食奶酪棒切入市场，空刻意面开创在家轻松做餐厅级意面的新体验。这些品牌从细分品类快速起势，并加速品牌破圈，迅速抢占顾客心智。

创造未来是开启新品类的潜能。 预测未来和创造未来是不同的。你无法预测未来，预测未来是寄希望于在未来某一时刻，消费者的行为会发生变化，这是在守株待兔。创造未来是推出一款新产品或服务，而它可以成功创造出一种趋势。

品牌的价值在于"品牌＝品类"，这个等号画得越快越值钱。 发现和选择品类机会是企业家首要的经营决策，需求的原点从未变化，变化的只是满足需求的方式。诞生新的品类机会或品类特性机会，才是品牌新机会。

品类的生命力确定了品牌的生命力。不要只看现在的品类有多大，要看潜在需求的赛道有多大。要有"真需求"，必须从顾客角度出发，这种需求往往是一种强烈的隐性需求；"大赛道"，通常指市场规模大、趋势正当红的赛道；"高附加值"，意味着核心人群有迭代诉求，并且愿意支付高溢价。

跟主流市场相反走，才能开创一个"新大陆"。哥伦布是一位伟大的航海家，他选择西行战术是因为大家都向东航行，没有到达印度却发现了新大陆，其实不管西边有什么，哥伦布都会是第一个发现的。

市场的新进入者可以打侧翼战，在无人地带开创新品类。侧翼战适用于规模再小一些的企业：(1)最佳的侧翼战应该在无争地带进行；(2)战术奇袭应该成为作战计划中最重要的一环；(3)乘胜追击与进攻同等重要。

生存下来的最好方法就是成为头部。每当一个商业模式诞生，马上就会有无数家企业冒出来。在规模接近或赛道接近的企业中，头部的生存概率要大很多，原因是同一个行业里，顾客大脑中存放不下那么多供应者。在顾客心智中，只有数一数二才能存活。谁先打进心智，谁就占据主导。

15 需求的终点是人性

用户需求像一座冰山,隐藏在水面下的才最重要。亨利·福特曾说:如果当初我去问顾客他们想要什么,他们只会告诉我想要一匹更快的马。然而更快的马,只是用户的陷阱。只有跳出"马"的陷阱,才能洞察到"更快"才是用户的本质需求。用户需求像一座冰山,露出水面的是显性需求,藏在水下的隐性需求才最重要。

不要试图改变顾客的愿望,而要帮助他们实现。戴尔·卡耐基在《人性的弱点》一书中指出:影响别人的唯一方法就是谈论他们想要的东西,并告诉他们如何获得这些东西。说服顾客的根本诀窍是洞察人性,刺激顾客产生需求,提供解决方案,同时还要降低顾客的行动成本。

好产品让人"上瘾",好品牌创造"偏见"。凡是能让人"上瘾"

的物质，都有巨大的创业空间；越是让顾客"上瘾"的产品，越能带来更多的复购。除了产品本身，更多还要看品牌，好品牌总是能创造在消费者心智中的"偏见"。让用户"上瘾"的秘诀是基于人性的弱点制造人们的"爽点"；让品牌产生"偏见"的秘诀是利用人性的常识，让其成为社会的共识。

说服用户的根本秘密是洞察人性，刺激用户产生需求，提供解决方案，本质是击中用户的痛点，让他们的爽点、痒点得到满足。用户的痛点就是他们的恐惧，爽点是需求得到及时满足的愉悦，痒点是让用户成为理想的自己。如果不能令人愉悦或抵御恐惧，那它就是一个不痛不痒的产品。

品牌定位要足够简单，必须"一刀致命"。从企业视角来看产品，都希望将产品的三大优势、七大卖点全部说给顾客听，然而顾客天生厌恶复杂。顾客心智每天接受太多信息，只能用最简单的方式来处理信息。

创造顾客，而非制造产品。由内而外的思维方式往往是企业发展的最大障碍，内部思维更多关注的是"我"，只看见自己的产品好、技术强，看不到外部的顾客需求和市场竞争在变化。抱着只管做好产品、顾客不请自来的想法，很容易患上市场营销"近视症"。

营销不是贩卖产品，而是激发需求。营销的核心不是贩卖产品，如何激发用户内心的"想要"才是最关键的。好的营销必须与消费者的缺乏感建立关联，唤醒他们潜在的缺乏感。今天的消费者想要的不仅仅是产品、功能，产品背后的意义和归属感更加重要。贩卖产品只是在告诉消费者他买到的是什么东西，贩卖意义则是告诉他买了之后会有什么变化。

营销是概念之战，而非产品之战。如果你的敌人拥有原子弹而你没有，那学习再多兵法也不会有帮助。幸运的是，明显在技术上胜出的产品很少，"更好"是个主观概念。

让消费者记住产品，而不是记住广告。广告的价值是发射、传递信息，创意要围绕着信息服务，如果创意掩盖、稀释了信息，播完之后让消费者感受到这个广告真好，而不是这个产品真好，那么做的就是无用功。广告创意要体现品牌核心价值，否则无助于心智认知的建立。

聚焦核心业务，减少长尾产品。贝恩咨询根据对消费品行业领先的数百家公司的分析，指出核心业务贡献了公司超过 90% 的利润。企业要思考哪些才是真正的核心业务，能够带来长期品牌复利的价值，不能把"发胖"误认为是增长，要"去肥增肌"，找到增长的关键引擎。

如果产品不能成为消费的符号，就很难获得真正意义上的品牌溢价。法国社会学家鲍德里亚在《消费社会》中提出：人们从来不消费物的本身，人们总是把物当作能够突出自我的符号。在商品的世界，从来不多一件产品，也不少一件产品，但人们永远缺乏证明自我的符号，通过消费，人们获得了某种特定的符号认同。

创造需求是从一个新的角度，在产品和消费者的欲望之间建立连接。很多时候并不是我们的产品缺少什么价值，而是我们不知道该在产品和消费者的欲望之间建立何种连接，鲍德里亚在《消费社会》中提出："消费的目的不是满足实际需求，而是不断追求被制作出来的、被刺激起来的欲望。"消费者需要借助产品或品牌来表达自我，实现理想自我，通过消费获得某种特定的符号认同。人们消费的不是产品本身，而是把产品当作突出自我的符号。

商战中的坦诚定律：承认弱点更易吸引顾客关注。使产品深入人心的最有效方法之一就是首先承认自己的不足，之后再把不足转化为优势，坦诚可以解除顾客的戒备心理，例如"安飞士是租车市场的老二，所以我们柜台前的队伍更短"。

理性价值动脑，感性价值走心。消费者对品牌价值的感知主要来自两方面：理性价值和感性价值。理性价值是产品本身的实用价值，主要用于满足消费者需求；感性价值是消费者心智中通过联想与想象赋予品牌的无形价值，主要用于触动消费者情绪，驱动人们做出购买决策的往往是感觉而非理性。

喜新厌旧是人性，用户需求一直在那里，等待被更好地满足。而要满足用户需求，首先要有更好的产品，在产品上有突破；其次，产品与营销是硬币的两面，从来没有所谓的只把营销做好的道理，也从来没有产品好就不用营销的逻辑。营销决定了用户是否尝试，产品决定了用户是否复购。

不要浪费时间在问题产品上。很多营销人员投入太多的精力考虑如何让遇到问题的产品摆脱困境，却舍不得花时间考虑怎样让成功的产品更上一层楼。正确的做法应该相反，把打败仗的毙掉，并将资源配给正在取得胜利的产品。

产品要顺应用户的潜意识，避免触发防御。"微笑"会让我们放下防御，"重复"会改变我们的观点，潜意识对我们的影响无处不在，产品要做的就是迎合用户潜意识下的选择。一旦让用户思考，就会抬高门槛，降低转化率。

16 产品的价值应大于价格

产品定价的逻辑不在于成本，而在于企业如何定义、传递产品价值。定价的逻辑不在于成本，而是创建优势认知。产品价格源自品类与场景带来的价值认知，品牌、渠道、推广都是传递认知的通路。相比成本，消费者更关注的是购买产品带来的收益，这种收益包括使用价值、功能价值、形象价值、社会价值四方面。

只有攻上了制高点，企业才掌握了定价权。你占据了什么样的位置，就相应地可以用什么样的价格。反之，不在那个位置就定不了那个价格，因为你没有那个势能，消费者不接受、不认可。

高性价比并非只是制定最低价，而是让顾客感受到的价值大于价格。有的企业认为通过严控经营成本、利用规模效应、掌握技术优势等途径实现高性价比，在价格上拿出诚意，消费者就一定买单。但这些方法仅仅是从企业供应链和生产视角来考虑，缺乏消费者心理视角的考量。

如果竞争对手能把价格降得一样低，那么降价通常是愚蠢的行为。 一般而言，价格是差异化的敌人。当企业的营销活动聚焦价格的时候，就开始破坏顾客将品牌视为"独一无二"的机会，这一行为会让价格成为顾客选择你而不选择竞争对手的主要考虑因素。

专注价值竞争，避免价格竞争。 消费者主权时代，需要企业重新回归为消费者创造价值的本质。消费者是否购买，不仅取决于商品本身，还取决于商品之外的"价值感"，即具有差异化的价值主张。

消费升级的重要方向，是从产品价值向精神价值转移。 以前的产品看中的是功能，强调产品价值。现在除了最基础的产品功能，还强调能带给用户什么精神价值。

优势最大化才能突围，木桶理论只会平庸。 人们要的是品类中最好的产品，而不是兼有多个品类特征的混合产品。如果你的产品功能繁多却表现一般，而不是只有一项功能但表现突出，那你就没有任何差异化，因为消费者对你没有突出的记忆点。

产品层面的价值差异越来越小，左右顾客选择的更多是品牌价值。 顾客购买你的产品，归根结底是因为你创造的顾客价值大于顾客付出的成本。顾客价值分为产品价值和品牌价值，即产品价值 = 内在价值 + 外在价值，这一公式指引着企业去生产高质量的产品；品牌价值 = 保障价值 + 彰显价值，这一公式则指引着企业通过品牌去降低各种交易费用。

品牌的价值在于建立信任，降低交易成本，创造溢价。 新冠疫情导致消费者更加趋于理性，在消费上更为谨慎，把钱花在更稳妥、更具确定性、信赖感更强的产品上。

顾客能感知到的才叫"价值"，顾客感知不到的成本是浪费。 在产品供给过剩的时代，产品功能性的重要程度已经逐步让位给解决方案。管理学大师彼得·德鲁克说：顾客购买和消费的绝不是产品，而是价值。营销学家泽瑟摩尔从顾客角度进一步提出了"顾客感知价值"理论，企业为顾客设计、创造、提供价值时应从顾客导向出发，把顾客对价值的感知作为决定因素。

性价比容易模仿，心价比很难超越。 消费市场正在从功能消费走向意义消费，消费观念也从性价比转向心价比。品牌真正的价值不仅是产品本身的使用价值，更是对人心的感动与抚慰。一个产品的性价比你可能追得上，但是一个成功品牌的心价比你很难追得上。

品牌方法论从传统的"企业品牌"转变为企业与消费者"共创品牌"。 品牌价值只有被消费者认同，才能具有销售力，否则就只有产品、没有品牌。品牌价值只有消费者主动参与，才能获得超额利润，否则无法产生溢价。品牌价值只有能被消费者预期，企业才能持续获利。如果打破了消费者的稳定预期，品牌的长期获利能力将中断。

"新价值"不是满足和迎合现有需求，而是开创需求、刷新价值。 消费者往往"言行不一"，他们自己也描绘不出心里想要的产品，只有亲眼看到具象的产品，才能觉察自身的潜在需求。如果不能"满足"和"迎合"用户的需求，就很难创造出真正让用户感到惊喜和满意的新价值。

产品竞争力的核心，是价值大于价格。 产品之所以能被用户选择，往往是因为产品的价值大于价格。产品价值有三个层面：一是核心产品价值，最重要的是功能，而功能来源于需求；二是形式产品价值，最重要的是外观，能唤起情绪价值；三是附加产品价值，很重要的一项是服务，只有用户获得了期望之外的利益，才有市场竞争力。

消费者只有想到你的价值，才会想到你的名字。广告中的品牌信息很重要，但是价值信息比品牌信息更重要。使消费者产生兴趣的不是名字，而是价值。如果品牌价值没有打动消费者，只是单纯重复品牌名，往往效率低下。而当品牌价值令消费者印象深刻，消费者反而更容易记住品牌名。

疲于追逐红利，不如打造复利。依靠爆品和流量红利，新锐品牌可以在线上迅速起量，然而没有品牌力的护城河，竞争对手就会迅速模仿，以更低的价格取代，随之而来的便是产品同质化、陷入价格战、流量成本上升、利润受挤压。越来越多的品牌意识到，比 GMV（成交总额）下滑更可怕的，是"用户记不住我的名字"。

在特定的时间、空间激发潜在需求，场景需求的触发是最大的商业增量。新锐品牌要破圈，成熟品牌也要破圈，只不过后者破的是更大的圈，是从固化的生活场景向全新的生活场景的聚焦开拓。成熟品牌自带势能和信任，如果更好地对接和激发潜在需求，就有机会产生更为巨大的增量空间。

营销的本质是利他，是创造价值。所有营销理论其实最终都落脚于两个字：价值。通过研究消费者的需求痛点，决定向其提供何种价值；接着打磨产品，创造价值；再向消费者传递价值，把产品价值转化为用户认知；最后与消费者结成价值共同体。企业的利润是创造价值而获得的奖励。

17 聚焦单一特性才能提高竞争力

有所不为,才能有所为。德鲁克提出"要事优先原则",即重要的事情优先做,一次只做好一件事情。孟子说,"人有不为也,而后可以有为",放弃那些没有成果的产品或服务,集中资源投入那些真正能够产生更大成果的机会中去。学会放弃,贵在有所取舍,有舍才有得。

企业和品牌要获得竞争力,唯有聚焦。太阳的能量为激光的数十万倍,但由于分散,变成了人类的皮肤也可以享受的温暖阳光。激光则通过聚焦获得力量,轻松切割坚硬的钻石和钢板。

企业取胜的关键在于"单一要素最大化",集中优势力量重点突破,并且击穿阈值。查理·芒格说:一个企业一旦在某个重要的环节上做到近乎荒谬,那么它就具备了取胜系统。能让用户记住并感动的，是那些近乎荒谬的品质或服务，即在单一要素上聚焦资源所带来的峰值体验。企业应聚焦一个核心要素，重度投入资源，让单一要素最大化。

最大化单一要素而产生的极致荒谬，最容易引发用户的强烈记忆和好感，最容易建立知名度和打通心智连接。传统管理学中有个"木桶理论"，即一个桶能盛多少水，取决于最短的那块木板。但查理·芒格认为，能取得大成就的企业和系统，没有一个是用木桶理论的；那些取胜的系统，往往是最大化某个单一要素，走到近乎荒谬的极端。

事越做越窄，路才能越走越宽。面对诸多挑战，要做得更窄更深，聚焦产品创新，聚焦品牌打造，让品牌成为用户心智首选。集中精力和资源做好最重要的事，什么都想做，最终往往什么都做不成。

聚焦单一特性会获得认知奖励。《影响力》作者罗伯特·西奥迪尼发现：单方面引导更容易带来积极评价。只要我们能让人们把关注点放在某一样东西上，比如一个想法、一个概念等，就会让这件事显得比其他事更加重要。在营销中，当品牌聚焦产品的单一特性时，心智就会主动放大这一特性的价值。当消费者注意力聚焦于单一特性时，认知会给予这一特性较高评价，而这个评价通常会高于产品特性本身的价值。这是通过聚焦获得的额外价值，可以称之为"认知奖励"。

聚焦单一特性加强产品竞争力。把有限的资源和注意力"撒到"所有的产品特性上与聚焦单一特性，带来的结果截然不同。前者是均摊，导致产品缺乏突出的功能；后者是聚焦，使产品本身在某个功能上有显著的竞争力。

占据特性就是以己之长攻敌之短。如今的企业不要奢求将产品打造得面面俱到，而是时刻关注，找到你在消费者心智中最能够取得优势的那个点，将所有资源投入这个特性中，从而在消费者的心中将自身优势无限放大。

聚焦单一特性，加强信息传播的一致性和有效性。当品牌传播多个特性时，容易带来混乱并干扰判断，这会导致品牌与消费者之间出现信息错位。信息一旦不一致，就缺乏可信度，消费者没有时间也不愿意去搞清这些信息的真相。信息一致会减少沟通犯错的机会，而且不断重复一致的消息更令人难忘。

品牌建设是一个在心智中持续贴标签的过程。品牌要想被消费者有效认知，首先要对品牌价值进行简化，找到最能代表自己的关键词，形成具有差异化、辨识度高的品牌标签，加深消费者对品牌的印象、对品牌价值的理解、对品牌特性的辨识。

要主导一个品类，既要认知聚焦也要运营聚焦。 战略聚焦有两重含义：一是心智战场上的认知聚焦，二是物理战场上的运营聚焦。认知聚焦是品牌必须主张一个独特而有价值的定位，并保持信息传达的一致性。运营聚焦是消除无效或低效的运营活动，从而提升运营效率。在非核心地带做减法，将释放的资源在焦点处做加法。

成功的方法不是四面出击，而是聚焦。 营销信息如同刀刃，你必须把刀刃磨得锋利才能让信息切入用户心智，营销信息过多，刀刃就变钝了。

模仿不如对立，不同胜过更好。 有些企业认为自己的产品品质比别人更好，或者价格比对手更有优势，用这种"比对手更好"的思路做企业，无论是更好的价格还是更好的品质，往往都是走不通的。在消费者的认知结构中，跟风意味着"二流"，成功的秘诀在于反其道而行之，与其更好，不如不同。

同质化的本质是认知上的趋同。 同质化在消费者看来就是"同值化"——价值等同。商品的极大丰富、科技的日新月异、竞争的加剧、信息的超载都会造成消费者注意力的稀释以及选择障碍。产品如果没有独一无二的价值，在顾客心中的位置就是备胎。

心域流量是把产品刻在消费者的心里。企业不得不面对的残酷现实是：公域流量成本越来越高，私域流量的转化也越来越不理想。想要破解增长焦虑，真正要抓住的是"心域"，抓住"心域"才有持续免费的流量。产品容易被模仿，但在消费者心里的地位无法模仿。

品牌越高端，符号效应越强；媒介越强势，背书效应越强。消费的"戏剧效应"又叫作消费的符号化，或称之为符号化的消费。通过符号传递产品之外的隐性信息，包括价格信息、文化偏好、社会阶层等诸多隐藏在产品背后、附着在符号之上的信息。

放弃才能拥有，敢于牺牲才能长胜。成功的营销必须懂得有所牺牲，集中资源攻击一点，在局部形成必胜优势。这包括三方面的牺牲：产品系列、目标市场以及不断变化。不要企图拥有全产品线覆盖各种各样的目标市场，不要企图吸引每一类顾客，不要试图追随每一个潮流与风口。

牺牲短暂的利益，往往才是长胜之计。商战中的"牺牲定律"意味着成功的市场营销必须懂得有所牺牲。牺牲一些非重要的市场布局，把更多资源集中在最重要的地方。

18 专注价值竞争，避免价格竞争

高端并不是看起来高级的产品，而是拥有话语权的产品。 拥有一款极致的产品，主导一个品类是成为高端品牌的方法之一，因为你一旦成为某个领域的"老大"，就拥有了定价权。反之，不在那个位置就定不了那个价格，因为你没有那个势能，消费者不接受、不认可。你占据了什么样的位置，就相应可以用什么样的价格。

产品同质化导致价格血战，内部供应能力难以转化为外部成果。 从大数据到人工智能，大量技术的运用提升了组织内部供应的效率，使得供应能力彼此提升，但组织的挑战主要是供应严重过剩导致的外部拥挤。

品牌的目的是实现溢价，而不是性价比。 如果目的是贩卖低价，那么根本不需要做品牌。那些成功的品牌，无论自身产品属于高

价还是低价类型，都不曾把低价作为吸引用户的核心卖点。如果用户是因为你的低价来，就会因为你的价格不够低而走。

如果对手能把价格降得和你一样低，那么降价注定是无效的。试图将竞争对手重新定位为"价格贵"通常不是好战略，当价格成为传播信息的焦点时，你就失去了让顾客关注你独特价值的机会。

守不住定价权，品牌力就无从谈起。主导一个品类是成为领导品牌的方法之一，品牌力约等于定价权，一旦成了某个领域的"老大"，就拥有了定价权。反之，不在那个位置就定不了那个价格，因为没有那个势能，消费者不接受、不认可。

高价格往往代表高品质，且能提高经销商的盈利能力。面对竞争对手的价格战，最明显的手段是降价，其优势在于市场是现成的，毕竟顾客都想省钱，但降价会削减利润，导致很难盈利。此时高价位打侧翼战反而更有机会，顾客倾向于以价格衡量质量，认为高价应该物有所值；同时高价能带来高利润，让企业有资本在关键追击上持续投入。

守得住自己的价格，就代表了品牌力。在市场上，只有领导品牌才拥有定价权。无论是更贵的品牌降价，还是同价位的品牌降价，能守得住自己的价格，就是企业的品牌力。

品牌只有具有清晰的价值设计，才具备真正的差异化竞争优势。品牌价值实际上包含三种价值：工具价值、个体价值、社会价值。工具价值承载品质特性，个体价值承载自我表达，社会价值承载群体共识。

消费升级新内涵正从价格敏感过渡到价值追求。消费分级将越来越明显，大众是清单式消费，中等收入人群是冲动式、触发式消费；大众是趋同化消费，中等收入人群是趋优化消费；大众是功能化消费，中等收入人群是美学化、精致化、健康化消费。

品牌是让消费者关注价值，忘记价格。品牌建设的一个重要任务就是推动消费者从价格敏感向价值敏感跃迁，单纯的低价策略其实并不能带来正向的价值增长，反而会使企业加速陷入激烈的价格战中。品牌的价值在于建立信任，降低交易成本，创造溢价，让消费者"只谈价值，不谈价格"。

品牌价值＝保障价值＋彰显价值，这一公式指引着企业通过品牌降低信息费用。品牌价值分为保障价值和彰显价值：保障价值为顾客提供安全感，让顾客快速、放心地做出决策；彰显价值是顾客在消费过程中展现出的身份地位、观点态度等，降低了顾客与他人之间的信息沟通费用。

盲目追求短期利益，往往会反噬长期价值。 品牌带来的是消费者决策中的主动选择和自发选择，是不需要思考的放心选择，不是全网最低价的诱惑，更不是限时抢购的紧迫感带来的冲动。这些营销手段只能产生短期增量，而品牌的长期价值才是"基本盘"。

营销解决的是价值交付问题，主要是信息通路和商品通路。 信息通路其实就是媒介，商品通路其实就是渠道，解决了这两个问题，那你的营销就是高效的。许多处于困境中的企业往往只专注于自己的问题，其实使自己脱困的关键通常在于解决顾客的问题。信息沟通越准确，商品通路越顺畅，顾客随时就能想得起、买得到。

"货找人"的竞争终局是价格战，"人找货"的竞争终局是价值战。 "货找人"是精准分发，提高交易效率；"人找货"是品牌打造，人们想起一个品类就想到你，这才叫品牌。打造品牌需要通过中心化媒体，建立起购买者、决策者、影响者、传播者等主流人群的群体认同。

寻求短期效果往往来得快，去得也快。 许多市场营销活动都表现出同样的现象：长期效果与短期效果正好相反，虽然短期内促销能增加销售额，但从长期来看促销只会减少公司的销售额，因为它教会顾客不要在正常价格购买产品。

用户被补贴吸引而来，也会像水一样流走。 企业无论通过何种方式获取用户，都要思考用户是冲着补贴来的还是冲着产品价值或定位来的。每个企业都必须回答一个问题：我存在的独一无二的理由是什么？纯粹靠打折促销、买流量生存难以持续。

当企业把资源聚焦在如何更快时，其实就已经输掉了。 只想着更快地把产品卖出去，把精力都花在速度上，而没有去研究价值，因为价值太慢，打价格战更快，一降价用户就来，一促销用户就买，这可能会得到短期的回报，但却损失了长期利益。短期越奏效，长期越无效。

长期促销打折会动摇品牌的"价格锚点"。 消费者对任何产品，心里都有一个"价格锚点"。基于这个"价格锚点"，消费者觉得你的品牌越值钱，就愿意支付更高的价格，从而产生品牌溢价。同时，消费者也在用品牌溢价来衡量品牌本身的价值。假如长期促销打折，就会给消费者造成品牌价值下降的暗示。

促销短期有效，但对长期的生意无益。 你无法通过取悦消费者而获益，取悦消费者的最好方式是免费赠送。通过打折促销、返利、发放优惠券，你会赢得短期褒奖，但竞争对手会马上跟进。

促销只是表明正常价格太高，长期来看只会减少销售。 短期内，降价促销能增加销售额，但从长期来看，促销只会减少销售额，因为它教会顾客不要在"正常"价格时买东西。除了"以更便宜的价格买东西"这个事实，促销不能告诉顾客其他什么。

经常降价并不会真正赢得消费者，反而传递了"不要在正常价买我"的信息。 降价促销可以引诱人们尝试某个品牌，但很难让人们产生对品牌的偏好。消费者在一次购买之后往往又回到自己熟悉的品牌，仿佛什么事情都没有发生过。

企业应抓住真正稀缺的、不变的东西，而非花精力去关注无限的、流动的东西。 企业越是对增长有焦虑，就越会降价促销、让利渠道，虽然短期内销售额上来，却往往失去了品牌的势能。越是对盈利有要求，就越会对每一笔投放都计算短期 ROI（投资回报率），导致不打平不做，这样反而丧失了长期产生更大盈利的可能。

第四章

品牌即人心

19 品牌是企业最深的护城河

品牌力才是企业真正的免疫力。 品牌是资产，但无形资产在日常情况下经常被人忽视。经过这次新冠疫情，我们就发现品牌是保险，关键时候是救命的，是决定生死的。

市场不确定，品牌反脆弱。 在快速变化的时代，各种新技术、新算法层出不穷，这种不确定性对于品牌来说就像"黑天鹅"事件。想要避免"黑天鹅"的冲击，企业应该为品牌资产持续投入，建立品牌的反脆弱性，通过品牌的确定性对抗外部环境的不确定。

品牌资产的积累路径是在消费者心目中修建一条有效的护城河。 大规模、持续投入建立品牌是为了在消费者心目中形成品牌认知，将来有任何其他竞争品牌出现时，就可以抵御这种干扰竞争。

品类解决需求，品牌解决选择。 做品牌的目的就是让品牌名在消费者心智中与品类名建立强关联性，因为消费者是用品类解决需求，用品牌简化决策。品牌在某种意义上，就是帮助消费者做一个有确定性和安全感的选择。

品牌是解决复杂信息的一种手段，目的是降低消费者的选择成本。 品牌在将信息传递进消费者心智的过程中，时刻充满着噪声的干扰。因此，广告信息首先必须准确切中消费者心智中独特的、空白的位置，接着再通过大量传播，成功克服其他信息噪声的干扰，形成消费者心智中坚实的记忆。

品牌是信息的简化器，降低消费者的决策成本。 互联网创造了即时、海量的信息，从图文到视频、到直播，内容与手段越来越丰富，品牌与顾客的沟通效率由此提高了吗？实际上正相反。信息越来越丰富，传播渠道越来越发达，互联网让每个人都可以发出自己的观点、声音，这样信息过载反而让精力有限的消费者不堪重负。

品牌是将成本转化为绩效的转换器。 企业无法将整个组织装进顾客头脑，只能将代表着企业产品或服务的符号装入顾客头脑，这些符号就是品牌。顾客心智中不存在企业，只有品牌。如果不能在顾客心智中建立起品牌，企业所有的投入就只是成本，无法转化为绩效。

品牌的底层逻辑是社会效率，最终目的是让用户迅速做出选择。品牌是消费者的效率，在一定程度上简化了消费者的决策过程；品牌更是企业的效率，每一次在消费者眼前出现，都是在加强消费者对品牌的认知程度与品牌自身的鲜明度。当你成为一个强大、稳固的品牌之后，你所做的运营、渠道、传播等所有事情都会变得极其有效率。

品牌的本质是大众共识。人类社会的本质是共识，就像所有人都认为黄金很值钱。品牌的本质其实也是大众共识，只有成为社会共识才能真正成为公众品牌。而流量的本质是注意力，注意力只能带来短期刺激，适合短暂的冲动性消费，没有品牌势能的积累和心智认知的固化。

品牌的意义是抢占消费者心智，从而被消费者优先选择。只要品牌所属的品类在高速成长，企业就必须优先把握成长的机会，不惜代价也要在顾客心智中成为第一，从而屏蔽竞争品牌。互联网品牌中，赢家通吃的现象尤其明显。

强大的领导品牌能够成为品类的代表，彰显领导地位是巩固品牌

的有效手段。领导地位是品牌最有效的差异化概念，因为它是为品牌建立起信任状最直接的方式。有太多的公司认为自己的领导地位是理所当然的，因而从不利用，这只会让竞争对手有机可乘。如果你不彰显自己的成就，紧随其后的竞争者就会想方设法占据本属于你的领导地位。

流量时代更凸显品牌的"锚定"价值。在信息过载的时代，置身于信息海洋中的产品犹如沧海一粟，在信息流的冲刷下与消费者的距离只会渐行渐远。因此，品牌"锚点"的重要性日益凸显。只有强势的品牌才能帮助企业在流量时代建立"锚点"，摆脱流量经济的套牢。

商品本身可能还是那些商品，无形的品牌价值使其变得独特而强大。一项针对标准普尔 500 指数的研究显示，过去 30 年来，无形资产的货币价值从 17% 增长到了 80%，这些公司资产中价值最高的是品牌，无形成本和无形价值才是品牌竞争的关键。

真正赚钱的品牌符合"七三原则"。凯度研究显示：品牌资产所带动的中长期销售效果被严重低估，在真实市场环境中，有 70% 的销售在中长期发生，由品牌资产贡献；而短期直接转化实现的销售仅占 30%。品牌广告所打造的品牌资产才是带动中长期增长的核心。

品牌的利润率等于你在消费者心智中的清晰程度。当品牌成为某类产品的代表时，大多数人就会直接使用品牌的名称，有些品牌名称甚至被消费者当作动词来使用，例如"百度一下""顺丰给你"，这些品牌已经成为品类的代名词。在消费者心智中拥有一个足够清晰的专属词语，消费者在做选择时自然会首先想到你。

品牌的长期建设，不是成本而是投资。阿迪达斯全球媒介总监在接受 Marketing Week 采访时表示："阿迪达斯过度投资了数字和效果渠道，牺牲了品牌建设。我们正逐渐加大对品牌的投资，这也代表了对品牌的愿景和关注品牌长期健康的思考方式。要知道，在短期交付的背后，品牌才是最终交付的目标。"

品牌经营不是花费，而是一场投资。企业不能把经营品牌的花费当作成本消耗，持续的有效营销是对品牌的投资，会在品牌价值上得到正向累积，当品牌价值积累到了一定程度后，什么时候想取立即就能取出来。

品牌认知既是流量制造机又是转化催化剂。IPA Databank 研究了从 1998 年到 2018 年的企业案例，认为品牌建设和销售转化的预算分配可以根据品牌生命周期来决定。领导品牌的品牌建设预算比例最优为 72%，成熟品牌的品牌建设预算比例最优为 62%，成长品牌的品牌建设预算比例最优为 57%。

品牌战略遵循一致性原则，有助于消费者形成深层心理认知。广告是品牌最重要的战略武器，每年变换战略方向是一个重大错误。当然，从战术上讲，语言、画面和音乐都可以按需更换，但除了把产品由一种形式的商战转变为另一种时需要改变，其他时候都不应该偏离品牌战略。

品牌战略需要协同全部资源，在用户心智中建立最核心的价值认同。品牌战略需要聚焦，在非核心地带做减法。但只做减法是远远不够的，更重要的是做了减法释放出资源后，在焦点上运用这些资源再去做加法。焦点上的加法比减法更难，更需要创造力。

20　品牌是一种身份认同

品牌是顾客的一种自我投射，顾客通过购买建立身份认同。品牌故事的关键点在于，故事的主角不是你的品牌或产品，而是消费者。你的品牌或产品必须有助于消费者达成他们自己的目标，实现他们自己的潜力，让他们成为自己想要成为的人。

品牌决定了商品与服务的价值认知。两件同样的衣服，为什么印上了不同的标识，我们就可以接受它们相差数十倍的定价？如果品牌在用户心中已经建立起认知与价值感，当商品被印上不同的品牌标识，我们拥有的对品牌的印象、感受，就会瞬间投射到商品上。

顾客不是在"购买"商品，而是想"成为"某一类人。今天的顾客不仅仅是在"消费"，"成就更多"远比"拥有更多"更重要。

顾客想要的不仅仅是功能、利益和体验，还想要获得"意义"。

企业通过品牌帮助顾客完成自我表达，顾客通过购买行为建立身份认同。仅仅知道你的客户是谁远远不够，你需要帮助他们成为他们想要成为的人。他们做出的每一个选择、购买的每一件产品都在塑造他们的身份。品牌应该设计一种结构让客户得以认识他们自己，建立属于他们的独特身份。

以价值为抓手，为顾客打造一种生活方式。"鸟笼效应"是一个著名的心理现象，指人们在获得一件物品后，会继续添加更多与之相关的东西。从营销层面来说，"鸟笼效应"的打开方式是以价值感为抓手，去打造一种生活方式、一种文化信仰、一种品牌精神。当我们认可品牌的主张，等于在内心编织了一个笼子。顾客买的不只是一件产品，而是想成为更好的自己。

今天的消费者是数字化原住民，喜欢个性和自我表达，有着强烈的自我认同感。他们选择品牌的理由不再是"企业能卖什么"，而是"你是否代表了我"。对于今天的消费者来说，品牌背后的意义感和归属感更加重要。

一致性并不意味着一成不变，而是不偏离品牌的核心价值。缺乏一致性或许是品牌遭受不可逆伤害的最重要原因之一，世界上没有什么比变化无常的态度更让人困惑的了。不要随意改变品牌信息，除非你确定能够大大提升品牌价值并能持之以恒，确定这一切不会造成用户的困惑。

一致性是建立强势品牌的关键。一致性能够获取成功的关键在于：首先，任何品牌定位或品牌建设计划获得市场响应都需要时间；其次，长期一致的品牌计划可以占据一个坚实的位置；再次，任何变化都会潜在地削弱已经建立起来的优势；最后，一旦建立了强大的地位，保持这一地位就相对容易。

品牌的建立是形成社会认同的过程，只有成为社会共识才能真正成为公众品牌。罗伯特·西奥迪尼在《影响力》一书中提出了"社会认同"概念，人们倾向于认为他人比自己更加了解所处的情况，他人的行为也总是更合理和正确的，因此人们常常会做出和他人一样的选择，来获得群体的认同。

顾客通过购买行为建立身份，品牌是顾客自我的一种投射。今天的消费者想要的不仅仅是产品，不仅仅是功能，不仅仅是利益，甚至不仅仅是体验。他们想要的是意义，是某种归属感，想要创造性地掌握关于自己生活的故事。

品牌要被看到、被选择、被需要，即建立认知、构建共识、成为常识。只有被看到才能让消费者认识你，建立品牌认知；只有选择你的人越来越多，才能构建群体性的共识；面对生活中的某个场景或需求时，当消费者把你的品牌作为不假思索的选择，品牌就成为一种常识，成为潜意识的消费习惯。

共识是基础，销量是结果。品牌共识是消费者对品牌形成的统一认知，包括两个层面：第一是认识你的名字，第二是认识你的价值。我们很少见到哪个品牌家喻户晓但是却卖不动货。如果你有足够优秀的产品或服务，却没有配得上它的销量，原因只有一个：认识你的人还不够多。

品牌的真正威力是在顾客大脑中创造出强劲、积极、隐性的记忆。人类偏向于选择他们熟悉的品牌，这就是知名品牌仍需要做广告的原因，它需要保持一定的曝光，让人们维持熟悉感，从而创建长久的品牌记忆。这些记忆是隐性的，因为大脑是在无意识的层面上把记忆与品牌相关联，让顾客凭直觉或出于本能做出选择。

经营品牌资产就是日复一日在心智认同和用户价值创新上持续投入。品牌资产归根结底就两个：心智和数字。用心智获得认同，乃至信仰，从而创造利润。用数字读懂用户，从而创新出更好的产品和用户池。

品牌降低认知阻力，渠道降低行动阻力。品牌解决识别、理解、记忆、信任和喜爱的问题，降低顾客认知阻力。渠道解决流通、交付和服务的问题，降低顾客行动阻力。如果顾客对你的品牌缺乏认知、信任和喜爱，那么即便在渠道上花费大笔促销费用，也未必能产生可观的销量。品牌建设是渠道建设的前提条件。

奥美创始人奥格威认为品牌形象不是属于产品的，而是消费者联想的集合。品牌其实是概念、印象、记忆、感觉等一连串联想的组合。品牌在人们心中留下的联想越丰富、越强烈、越一致，所拥有的框架效应就越强大、越稳固，品牌也就越有影响力、越有价值。一旦将品牌形象培植到出众的地位，生产该产品的企业将会以最高利润获得最大的市场份额。

当品牌在用户心智中建立了丰富的联想，就更容易被挑选与消费，成为首选品牌。可口可乐全球创意总监达瑞·韦伯在《植入好感》一书中写道：品牌管理，就是对于一连串联想的管理艺术。品牌是一连串联想的组合，是在人们大脑中形成的一组抽象认知，相当于在人们潜意识里散布了大量触角，当需求一冒出来，触角丰富的品牌自然更容易被联想到。

做品牌和卖产品的区别在于用户愿不愿意为产品附加的生活方式和态度表达支付溢价。消费者如果因为性价比而买你，也会因为其他品牌更极致的性价比而忘记你。所以不要去拼性价比，而要去累积固化你的价值认知，激发用户的消费意愿，给用户一个买你而不买别人的理由。

只有消费者指名购买的品牌，才能避免价格战，降低交易成本。没有消费者的指名购买，企业通常就只有工厂利润，无法享受品牌的超额利润，因为利润往往都被价格战和渠道费消耗殆尽了。

消费者对品牌的指名购买，才是大火也烧不掉的核心经营成果。可口可乐总裁罗伯特·伍德鲁夫曾说："如果可口可乐的工厂一夜之间被大火烧掉，三个月时间我就能重建完整的可口可乐。"这背后调动庞大资源的根本动力，是消费者对可口可乐重新上架的期盼。

品牌效应就是一种光环效应，放大产品优势，打造超级卖点。在品牌营销中，光环效应意味着当品牌成为心智首选时，顾客就会"爱屋及乌"，对该品牌的其他产品和特性也给予高度评价。因此，品牌需要聚焦某个优势重点突破，从而建立起特色符号形成光环，并长期累积固化成为用户共同的记忆点。

品牌要成为消费者心智中的"默认选项"。 好的品牌在消费者心智中代表着一个品类或一个特性，在消费者潜意识里化为标准、化为常识、化为不假思索的选择。

消费者使用的是产品，选择的是品牌。 消费者购买的并不只是产品本身，还有由产品衍生出来的一系列丰富体验。消费者接触产品的每一个触点，如价格、包装、服务、广告、渠道、店铺装修，都会影响他对产品价值的判断。品牌代表的是顾客体验的总和。

21 势能化是赢得品牌长期竞争的关键

品牌承诺价值，声量决定销量。 品牌是一种包含功能价值和情感价值的承诺。承诺的含义是给消费者一个安全且明确的预期，让消费者快速、轻松地做出决策。传播则是向消费者表达并兑现品牌承诺的手段，更高的声量有助于带来更高的品牌势能与市场份额。

品牌建设应以势能为导向，品牌势能决定市场动能。 随着品牌声量越来越大，品牌势能越来越高，品牌不仅快速建立了大众认知，影响力也会从 C 端作用到 B 端。品牌势能的强弱决定了资源的流向，例如分众电梯媒体的线下投放，可以导流到门店终端，换取更好的位置、更大的排面，也可以引流到线上平台，获得更多的流量扶持。

品牌势能的高低决定了品牌能否被看见。心理学家认为，人的一生所追求的就是意义感。意义感从何而来？就是三个字："被看见。"品牌毕生追求的也是如此，品牌能否"被看见"，决定了品牌是否能被记住、被信任甚至被热爱。

势能化是赢得品牌长期竞争的关键。品牌的价值认知在消费者心智中的建立存在着一种"复利"模式。一方面要建立品牌的差异化特性，另一方面要持续传播该特性，从而获得品牌势能的累积。差异化可以帮助品牌赢得阶段性竞争，势能化才是赢得长期竞争的关键。品牌建设不应以销量为导向，应以势能为导向。

品牌建立社会共识和社会场能至关重要，取大势才会有大利，才会有长远之利。"势"是力量的放大器，"势利"的势与利是分不开的，有势就有利。所以先不要求利，要取势。品牌如果仅仅盯着眼前的利益，最多只能够获得小利、短利。要想获得大利，首先要取大势。[1]

品牌影响力具有从高到低的流动性。国际品牌的势能可以影响国内，高线城市的势能可以影响低线城市，主流消费群体可以影响

---

[1] 本段引自宫玉振作品《善战者说》"第五讲 任势：资源效能的放大"，略有改动。

大众群体。广告是做给 20% 有消费影响力的人看的，其余人都是跟风的。品牌首先要打透城市主流人群，因为他们定义了品牌，引领了潮流。

品牌的核心是研究人心的算法，夺得人心的认同。广告业之前有句话：凡是算不出 ROI 的广告都不该投。现在大家觉得凡是能算出 ROI 的都太难投，因为你的算法再好也算不过平台。ROI 导向使企业更倾向于立刻见效的促销和流量形式，一步步走向量价齐杀的泥沼。品牌势能决定产品的溢价能力，拥有溢价能力才能有效对抗流量成本上升。品牌势能决定品牌的溢价能力。品牌的溢价能力取决于品牌营造的势能，包括身份象征、情感认同、人生向往、自我实现等，真正取得高利润率的品牌往往给了用户更大的无形价值。

品牌势能决定市场动能。品牌势能会对头部资源的流向产生重大影响，你是强品牌，各种资源自然向你靠拢，以滚雪球的方式撬动越来越多的资源。而使得雪球持续滚动的动能，就是品牌的力量。

品牌驱动的飞轮效应可以带来持续的成功。品牌建设中存在着一种飞轮效应，为了使静止的轮子转动起来，一开始必须对其施加很大的力。一旦轮子开始高速转动，其本身巨大的动量和动能，能够克服较大的阻力使其始终保持转动。这也意味着品牌投入一旦骤减，再想获得较高的势能，企业就需要付出更大的代价。

品牌池要蓄水，而不是一味放水。品牌的知名度、认知度越高，流量或直播的变现率就越高。所以要不断地向品牌池蓄水，让水位越来越高，势能只有积攒到一定程度才会释放。过度依赖流量或直播促销，会使品牌势能被不断消耗，增长反而会越来越困难。

品牌和渠道要实现双向奔赴。当品牌声量越来越大，品牌势能越来越高，在经销商的终端网点就更容易铺货，换取更好的位置、更大的排面，更容易吸引消费者，形成正循环。反之如果渠道渗透率很差，线下网点不够，线上运营能力有限，这时候打品牌广告反而接不住流量。

求之于势才可以顺水推舟，将品牌势能转化为市场动能。《孙子兵法》讲"求之于势，不责于人"，就是要往"势"上打，提升我们的势能。企业做的每一件事，目的都是增加品牌势能，如同修建大坝，积蓄能量。势能提升了，在需要的时候就可以开闸放水，巨大的势能将转化为势不可当的动能。

把握高势能内容入口，选择高势能媒体突破，面向高势能受众突破，坚持高频率传播节奏。只有成为高势能品牌，才能拥有持续免费的流量，成为消费者心智中的条件反射。没有势能就难成品牌，甚至称不上品牌。品牌势能如何构建？简言之是四个"高"。

品牌势能的引爆能带来长期的品牌拥趸。今天的广告不只是利用智能化的技术实现更好的精准化，还要能在公众心智中达成广泛的社会共识，从而形成品牌能量场，解决消费者对品牌的认知和心理阻碍，这样才能成为持续免费的流量，并在消费者心智中形成条件反射。

品牌要保持高势能，率先抢占消费者心智才能将优势转化为胜势。当产品增长出现乏力时，一方面要看到战场，打拉新之战，破圈突围；一方面要看到战势，核心是谁能够率先跃升量级，打心智之战，率先抢占心智。如果只在产品、流量上做动作，很难获得真正的优势。

直播是品牌势能的一次集中变现。品牌知名度、认知度高，直播的变现率就高。如果是不太知名的品牌，即使头部主播去推，也可能效果不佳。所以要不断地向品牌池"蓄水"，让水位越来越高，在关键时间节点再把品牌势能转化为直播销量。要有"蓄水"的过程，而不是一味"放水"。

效果广告是品牌势能的短期变现，品牌建设是长期价值的持续累积。信息越来越碎片化，心智越来越容易失焦。如何应对？靠的就是持续做可累积的事情。什么是累积？首先是戒除一日之功的想法。不要总想着一下子就见效，今天打了广告明天就有效果，而是持续做、长期做、不断投入。

22 流量红利不如品牌复利

品牌建设是过程而不是结果。 品牌对企业来说是一种"保险",既能产生时间复利,也能在环境剧变时兜底。品牌建设是一个持续的过程而不是结果,因为品牌是"时间 × 投资"的长期投入。因此,品牌营销不能一蹴而就,更不能三天打鱼、两天晒网,一旦中断将前功尽弃。

品牌建设不是一蹴而就的,必须坚持越过拐点。 品牌是量变到质变的过程,有正确定位的广告开始时只能带来知名度、认知度的上升,只有越过拐点才会有销售爆增的效果。

重复曝光可以深化品牌再认,差异化价值能提高品牌回忆。 品牌认知是由品牌再认和品牌回忆构成的。品牌再认是指顾客在购买时,是否能辨别出哪些品牌是以前见过的;品牌回忆是指在给出品类、使用情境等暗示时，顾客在记忆中找到该品牌的能力。提高顾客对品牌元素的熟悉程度，就更有可能建立深度的品牌认知。

爆品是断点式的单次生意的成功，品牌是持续式的事业累积的复利。当品类中没有领导品牌时，爆款产品就有机会成为品牌。一旦出现爆品就要乘胜追击，广泛传播产品热销，让爆品的销量成为品牌的信任状，进而将产品销量转化成品牌声量。关键时刻要乘胜追击以扩大战果，争取获得最大的胜利。

爆品是一种品类机会或流量机会的发现，是产品设计和极致性价比的一次领先。但竞品会马上模仿产品、劫持流量、抄袭模式，蓝海往往迅速变成红海。品牌是在消费者心智中形成与众不同的心智认知或情感认同，并且长期累积，巩固成为一种不假思索的选择。

"货找人"是精准分发，提高交易效率，"人找货"才是品牌打造。科特勒咨询集团中国区总裁曹虎认为，别人在种草时，你应该种一棵大树。当你成为一个耳熟能详的品牌，你种下的草才会被搜索、被发现。短期的营销动作或许能在当下取得一定效果，但很容易被人模仿从而失效。让消费者根据品牌来选择，才是真正持久的流量。

打造品牌力要越过平衡线进行投放。 做品牌要越过平衡线，一旦开始投放，就要持续地进行饱和攻击，打透核心头部媒体，打进消费者心智，这才是长远发展之道。同时企业创始人要有战略定力，不能养成短线思维。追逐流量的红利，不如追逐品牌的复利。

流量转瞬即逝，品牌长相厮守。流量红利是一场烟花秀，转瞬即逝。 品牌不仅需要对流量的捕捉，更需要对心智的把握。只有将品牌真正植入消费者心智，不断累积固化价值认知才能产生复利效应。当品牌成为消费者心智中的条件反射，就会带来持续免费的流量。

抓住流量红利可以短期成长，抓住品牌复利才能持续变强。 新品牌的成长离不开巨大的红利，抓住流量红利你会成长。然而对大多数品牌来讲，流量红利都有窗口期，当竞争者增多，所谓红利就会消失。你如果想在规模、实力上长期制胜，就必须在享受红利的过程中，加速建立能够产生复利的品牌认知。

要在享受红利的过程中，加速建立品牌复利的引擎。 新品牌在发展壮大的过程中都会遇上一段红利期。然而红利都有窗口期，当红利期退去后，还能增长、累积价值的东西，才是品牌真正的力量。新品牌如果想长期制胜，必须搞清楚能抓住什么样的复利，否则很可能是个昙花一现的生意。

速生只会速朽，固化才有转化。品牌与效果不是"既生瑜，何生亮"的对立关系，品牌本来就是为了创造更好的营销效果而存在。当品牌力越来越强大，营销效果会越来越好，形成正向循环。如果没有"品"的价值固化，只会得到一次性的"效"，在品牌资产上什么也没有留下。

消费者对新事物的认知存在感兴趣、尝试、依赖、信任等多个层次递进的阶段。网红品牌难以长红的关键在于快速爆发的事物往往没有经历过时间沉淀，缺少让消费者产生依赖和信任的机会。只有品牌真正打入消费者心智、固化心智，才能产生复利效应。

品牌是长期的复利，没有"品"的"效"只是短暂的红利。效果广告的目的是获取短期市场收益，但解决不了品牌建设问题，不应占用本应该打造长期品牌价值的资源。

没有"品"的积累，只会得到一次性的"效"。品牌力靠的是长期的坚持经营与积累，在消费者大脑里留下越来越熟悉、鲜明、清晰的印象。随着品牌力越来越强大，营销效果就会越来越好，形成正向循环。但如果选择只顾"效"而把"品"搁一边，就很难产生正向循环。

网生品牌发展到其精准人群的边界时，流量打法便成为限制其增长的短板。流量打法需要高转化率、高 ROI 支撑，越精准的人群标签确实转化率越高，然而越精准也意味着人群数量越少。当品牌试图到更大的人群池中获取增量时，ROI 就会变得非常难看。在品牌打造上，往往来得快的去得也快，来得慢的去得也慢。短期营销策略倾向于利用快速反应和低价迎合来吸引消费者，难以形成品牌势能的积累和心智认知的固化。长期品牌战略不仅是持续投入资源用于品牌建设，更重要的是品牌所坚持传递信息的一贯性、品牌核心价值输出的连贯性。

有些成功之所以难以复制，是因为我们的理解产生了代表性偏差：倾向于根据代表性特征（比如某次偶然的成功）高估事件的发生概率。社交媒体营销经常有这样奇怪的现象：把 1% 的偶然刷屏案例当作标杆，却没法成功复制，苦心孤诣的研究和模仿最终都变成了沉没成本。企业一直处于低水平的探索和重复，无法实现模式的升级和增长的质变。

当别人还在种草的时候，核心增长方式是种下品牌这棵大树。当社交种草成为营销标配，其实大规模种草的红利已经结束，转化率越来越低。因为大家都在种草,一堆草种在一个草原上,如何才能被顾客发现?别人还在种草时,你应该去种一棵大树,把品牌声量拉升到人们都能关注的程度,这时人们才会注意到这棵与众不同的大树以及树下种的那些草。

先建立一个守得住的根据地,单点逐步推进,聚焦资源做透。新品牌之所以要找新渠道,是要避开主战场的正面竞争,开拓侧翼战阵地。在兵力达到优势之前,在积蓄足够的力量打主战场之前,先建立一个守得住的根据地,选取重点核心市场。如果使用"撒胡椒面"的方式,就是四处出兵,处处受敌。

必须乘胜追击扩大战果,停止追击就会半途而废。新品牌在取得开始阶段的胜利后,一定要乘胜追击,扩大战果,因为真正的大战果是在追击时获得的。很多企业在实现了最初的销售目标,取得了初步领先之后就停止了行动,把资源转移到其他事情上去,却很少顾及对已取得的成果加以巩固。

在短期交付的背后,品牌才是最终交付的目标。"品效合一"是个伪命题,"品"和"效"都是为了销售效果,只是一个是长期效果,一个是短期效果。"品效合一"体现了鱼与熊掌兼得的野心,背后是对短期效果的焦虑。企业追求的短期效果,要符合长期目标，不能以牺牲长期目标为代价。

短期营销策略可带来直接的销售反应，持续不断的品牌建设是长期增长的驱动力。企业并不是要在短期营销策略和长期品牌建设之间二选一，而是需要有效地将长期品牌建设与短期营销活动相结合，从而在消费者与品牌之间持续建立联系，两者之间的协同作用是关键。

23 品牌的本质是心智认知

所谓品牌，其实是一种心理现象。品牌就是告诉消费者你是谁、为什么要买你，通过各种营销手段管理你在消费者心目中的形象、认知、联想等，占领用户心智。

商业竞争的终极战场不在物理市场，而在心智空间。《孙子兵法》讲"知战之地、知战之日，则可千里而会战"，企业要明确在哪里开战、选择什么时机开战。产品、渠道、媒介这三大会战的决战在于品牌认知之战，最终的作用点都是消费者心智。

品牌战略的本质是认知管理。品牌战略的价值就是把内部优势（规模、技术等）转化为外部价值（消费者认知）。如果企业内部的规模、技术优势不能够转化为外部的消费者感知价值，任何"大"规模、"好"技术都只是企业的"自嗨"。规模第一、技术第一的优势，比不上消费者认知第一的价值。

快速抢占认知第一，品牌故事才更动听。只要认知中存在空位就要抢先占据，占据了第一，你的品牌故事才动听。否则，你很难仅仅通过动听的品牌故事成为第一。如果你占据了顾客认知中的第一，就有足够的时间去完善产品，有更多的机会去讲产品的故事。

企业经营的成果是品牌认知，有认知才有选择。企业经营的最大成本来自顾客的认知成本，很多企业搞不明白企业视角和顾客视角。从企业视角看，每个产品都是企业的生命，都希望把产品的全部优点告诉顾客，但对顾客来说，你的存在可有可无，竞争对手的某项优势反而受顾客青睐。

更好的产品不一定取胜，更好的认知才是制胜法宝。商战是在顾客心智中进行的，如何探测和侦察顾客的心智地图？企业应该做的是分析竞争对手在顾客心智中占据了什么位置，找出是哪家公司占据了顾客心智的制高点。

产品是基础，认知才是事实。许多人认为市场竞争是一场产品之争，认为从长远来看，最好的产品终将胜出。然而在市场营销领域并不存在客观现实性，存在的只是顾客或潜在顾客心智中的认知。

顾客只能看见他能看见和他想看见的东西。有个著名的心理学实验——"看不见的大猩猩"，参加实验者要观看一段球赛视频并记录传球次数。有一个人扮成大猩猩从球场中间走过，结果大部分测试者在实验结束后都表示没有看见大猩猩。这种选择性注意说明人们的认知存在盲区，受限于已有的认知基础和思维模式。要利用顾客心智中已有的常识，借力打力，顺应顾客认知。

商战中改变战局就靠出奇制胜，找到用户心智的登陆口。许多市场营销人员把成功看作大量细微努力的结果，其实在信息爆炸的世界中，消费者很难感知到这些努力。在市场营销中起作用的只有独特的、大胆的一击。尤其是非领导品牌，你的行业龙头往往只有一个容易被攻破的薄弱环节，这是你全力攻击的焦点。

品牌建设的终极目的是构建一个矩形，使得品牌在消费者的心智中既广又深。做品牌建设是为了构建品牌的深度和广度。深度可以看作纵轴，从最浅显的识别和记忆到承诺和背书，再到情感价值、象征价值。而广度可以看作横轴，任何品牌都应该关注如何更全面地去覆盖自己的品类用户。

赢得竞争的本质是赢得认知优势。认知优势的稀缺在于顾客心智容量有限。心理学家乔治·米勒的"7定律"说明，普通顾客只会为一个品类记忆最多 7 个品牌。心智容量有限意味着顾客会快速遗忘不重要的信息,只有不断重复的或令人印象深刻的差异化信息,才会被心智判断为重要的。

认知对行为的影响大于事实的影响,要把钱花到消费者能够感知的地方。消费者的认知大于事实,即认知对行为的影响大于事实对行为的影响。消费者需要的是一个合乎认知的逻辑,而不是一个理性分析的完美逻辑。不要去挑战认知,不要过多地教育消费者。定位的本质就在于把消费者的固有认知当成现实来接受,然后重构这些认知,并在消费者心智中建立品牌想要占据的位置。

谁给目标客群最强的刺激信号,谁就能赢得目标客群的强行为反射。心理学家巴甫洛夫的刺激反射原理指出,人们的一切行为都是刺激反射行为,消费者的心智是不可测量的,只能根据统计刺激信号和行为反射的对应关系来进行行为预测。

需求的原点从未变化,变化的只是满足需求的方式。生意机会归根到底是品类背后的心智共识机会,心智共识并非无中生有的创造,而是群体基于熟悉事物建立的天然认知。企业获得增长的前提就是认知迭代,只有管理消费者的认知,才有可能让增长发生。将同样的产品卖出不同来,是认知迭代的成功。

从卖货到卖品牌，没有大跃进式的捷径，要做好 5 个联动。 定位联动，一句话说出消费者选择你而不选择别人的理由；时间联动，做长期可累积的事情；火力联动，在关键节点集中火力引爆；认同联动，破圈成为公众品牌；铺货地推联动，把品牌力转化成购买力。

品牌想在消费者心智中实现固化，就要加热到消费者的记忆沸点。 "沸水效应"是指如果水没烧到 100℃，只烧到 95℃就是浪费，热度很快就没了；如果烧到 100℃水开了，之后只要用小火维持就能一直保持沸腾。用户对品牌的认知也是同样道理，没有到达从量变到质变的拐点就停掉，半途而废才是最大的浪费。

新品牌想要实现认知迭代，需要切换到品牌和流量双重驱动的路径。 新品牌成功晋级需要迈过三道坎儿：第一，从流量到心智，建立品牌护城河；第二，从小众到主流，破圈成为公众品牌；第三，从单平台到多渠道，成为全渠道品牌。

消费者只能被影响，难以被说服，影响会趋同，说服会抵抗。 产品要做的就是影响用户潜意识下的选择。一旦试图说服用户，让用户思考，就会抬高门槛，降低转化率。广告成功的秘诀就在于诱导了人们的潜意识，避开了大脑的理性审查，因而能够影响用户的购买行为。

24 品牌增长需要心智和渠道的双重渗透

品牌的竞争和增长主要取决于能否构建两类独特的营销资产：心理关联和渠道便利。市场份额更高的品牌，往往是那些被消费者习惯性地联想起且更容易购买到的品牌。习惯能够帮助消费品筑起竞争壁垒，确保溢价能力，在购买行为当中占得先机。

品牌增长要通过心智和渠道的双重渗透，让顾客随时都能想得起、买得到。品牌增长是由渗透率所驱动的，通过品牌广告的大渗透，使差异化价值深入人心，从而影响消费者的购买选择，并通过渠道的大渗透让消费者更便利地买到。

市场营销中有一个 3A 策略，即买得到（available）、买得起（affordable）、乐得买（acceptable）。该策略后来升级为 3P 战略，即物有所值（price to value）、无处不在（pervasiveness）、

心中首选（preference）。营销策略的转变反映了从产品导向到品牌导向的转变。消费品的本质是线上线下深度分销和抢占心智。如果一个消费品牌每年不能成长 3 倍就会被社会抛弃，而且这 3 倍的成长不是靠流量，而是靠品牌力和渠道渗透率的提升。

10 个市场 1% 的渗透率不如 1 个市场 10% 的渗透率，1 个市场 10% 的消费者会引爆剩余的 90%。"现代营销学之父"菲利普·科特勒强调企业要进行市场细分和市场选择，然后通过旗帜鲜明的品牌定位占据细分市场中的顾客心智。要聚焦在一个关键细分市场，高密度覆盖消费者，当市场渗透率达到临界点时，整个市场就会自动引爆，实现指数级增长。

拥有市场，比拥有工厂更为重要。美国广告研究专家莱利·莱特认为：拥有市场将会比拥有工厂更为重要，而拥有市场的唯一办法就是拥有占据市场主导地位的品牌。当出现市场机遇时，企业的第一要务应是以快速的行动夺取具有压倒性优势的市场份额，从而建立主导地位，成为品类的代名词。

先入为主并不是抢先进入市场，而是第一个进入顾客心智。德国行为学家海因洛特在实验中发现一个有趣的现象：刚孵化出的小鹅会本能地跟随着它第一眼看到的移动物体，而且一旦这只小鹅形成了对某个物体的跟随反应，就无法再形成对其他物体的跟随。品牌打造中也存在着这种先入为主的"印刻效应"，承认第一，无视第二。

声量往往决定销量。有些品牌通过产品创新和渠道建设获得了领先的市场份额，但当它们被讨论的声音越来越少时，往往面临着衰败的危险。因为市场中一旦出现声量更强势的品牌，产品和渠道的护城河就会被一点点蚕食，到最后消失在大众的视野。

在经济低迷时期提升品牌声量更易见效。在经济繁荣期，企业纷纷开展传播的军备竞赛，较难形成有针对性的品牌认知，提高声音份额和市场份额的效率相对较低。而在经济低迷期，竞争性会减弱，顾客更容易记住有限的广告信息，此时维持甚至追加传播的企业更容易提高声音份额和市场份额。经济低迷时，头部品牌敢于发声，会更快提升品牌集中度。

没有超越对手的媒体声量，就没有超越对手的市场份额。有些企业在市场的动荡期只想着存粮过冬，但头部企业反而加大品牌投入。因为消费者更加谨慎，会把钱花在更稳妥、更具确定性、信赖感更强的品牌上。同时市场上的噪声更低，竞争性减弱。品牌敢于超额投放，会赢得更大的市场声量，抢占更大的市场份额，更快提升品牌集中度。竞争环境导致行业加速分化，品牌集中度将会大幅上升。IPA Databank 在一项关于品牌营销有效性的研究中发现：在经济下滑时，削减品牌营销预算可能有助于保护短期利润，但在经济复苏后品牌会变得更弱，利润更低。削减营销预算意味着切断与目标消费者的宝贵联系。而聪明的企业在品牌营销上投入了更多的资金，赢得了更大的发言权，从而有能力实现长期盈利。

品牌投放的本质是经营思维。投放是为品牌增长服务，而不是为交易环节服务。很多品牌在进行投放的时候，只思考了流量与投放的关系，认为投放是为了完成销售收入的指标。但真正有效的投放应该是为品牌的增长服务，即帮助品牌实现品牌资产与销售收入的双重增长。

把最关键的资源集中到最关键的人群。在碎片化时代，打透核心人群的关键就是要集中火力。没有一家企业有足够的资源在所有方面压倒对手，当传播资源非常有限的时候，更需要抛开雨露均沾式的投放，把有限的资源集中在一个目标受众最聚焦的核心媒体上，才能实现效果最大化和风险最小化。

聚焦用户行为改变，减少无效投放。媒体传播要聚焦消费者行为的改变，找到合适的消费场景后再进行高频触达，建立新认知、新行为。品牌增长主要靠新品打造和新场景触发，绝大多数品牌仅靠维持巩固记忆曲线难以守住阵地，要从"面面俱到、维持记忆"升级到"集中火力、改变行为"的品牌营销新思维。

广告投放是系统作战，投广告并不等于成交。 广告投放不是简单的独立事件，而是一次系统作战。投广告之前要有强大的产品力做基础，同时加强社交种草和搜索优化，沉淀大量的线上内容。当广告投下去，在大众圈层建立品牌认知之后，产品评价、用户口碑、舆论风向这些基础建设都会影响最终的销售转化率。

当期没有转化的广告投放，其实并不等于浪费。 品牌广告投放的核心目的并非即刻产生销售，而是为了建立品牌认知，这需要长期地、持续地向用户传递同样的价值信息。而品牌认知的建立，带来的将是用户的自发性购买。

用户不会去看第二遍的内容，就是一瞬的焰火。 品牌每一次在消费者眼前出现，都是在加强消费者对品牌的认知程度与鲜明度。如果在推广宣传中只追求每一次的"效"，而忽略"品"的刻意积累，那么你花出去的每一分钱都是一次性的。

巩固成功的原则是乘胜追击，争取获得最大的胜利。 很多企业在实现了最初的销售目标，取得了初步领先之后就停止了行动，把资源转移到其他事情上去，却很少对已取得的成果加以巩固，这样不利于品牌的长期建设。

减少无效的虚荣投放，做有效的品牌心智沉淀。 当企业只追求流量投放的销售转化时，应该知道这些数字并不能准确反映出受众是否对你的品牌感兴趣，属于虚荣指标。如果放弃品牌逻辑，最终只能成为平台的依附，一投就有流量，不投就没流量。只有有效的品牌心智沉淀才能带来自然流量，而不是"不投不销，一停就跌"。

预算有限的时候，就不要遍地撒网。 有的公司预算有限，却喜欢分散式的打法，每个地方都打上几拳。它们并非在打一场大歼灭战，而是四处点起丛林战的硝烟，无意义地消耗着兵力，等到真正的大机会出现时，却无法集中优势兵力击破阈值、获取胜利。使用"撒胡椒面"的方式，就是四处出兵、处处受敌。有限预算更需要集中引爆，聚焦核心媒体、核心区域，穿透核心人群的心智，受力点越小压强越大。

再好的差异化认知，缺乏重复也只能是昙花一现。 如何突破消费者认知阈值？唯有重复。将品牌差异化的特性不断重复，才有机会进入顾客心智，并且持之以恒地重复传播，也避免了新一代顾客感觉陌生。

没有足够的火力，好广告的威力将大打折扣。市场营销是一场争夺顾客认知的战争，需要足够的火力才能打入顾客心智，否则可能会失去占据市场领先地位的契机。用足够的火力打入顾客心智，固化心智，其实是占据领先地位成本最低的方式。广告是占据顾客心智的炮弹，媒体火力是决胜的核心要素。

第五章

心智即阵地

25 占据有限心智，对抗无限货架

不要从企业内部看市场，不要在货架端进行竞争。新竞争时代，企业必须放弃传统的竞争思维，也就是内部思维、产品思维。要把竞争放在产品之外、心智之内。重要的不是货架上有谁，而是消费者心智中记住了谁。

少就是多，用占据有限心智对抗无限扩展的电商货架。随着电商的全域化，容量无限的数字化货架容纳的产品越来越多，但是消费者心智的货架却不是容量无限的，而是非常有限。所以在消费者心智中上架决定了你能占据多大的赢面，而这需要持续的心智浸泡。

只有占据了心智战场，物理战场才能有效转移。当战局失利时，就得转移战场。转移战场有四种方式：转移目标群体、转移产品、转移焦点和转移渠道。这四种方式也可以体现为渠道差异化、产品差异化、人群差异化、价格差异化。

私域的核心不仅是把用户"圈起来"，更在于打通用户的心智，让其成为永久免费的私域。 私域 1.0 的"硬连接"时代已经过去了，私域 2.0 时代的核心词是心智、场景、复购的"三合一"。而这"三合一"的交汇，是心智运营和场景触发引起的增量复购。

心智是商战的战场，突破心智是商战关键。 大多数企业的广告投入规模不断增加，其有效性却在相应降低。如今顾客都躲在心智的堡垒当中，想要在过度传播的社会环境中击中目标变得越来越难。

抢先进入顾客心智胜于抢先进入市场。 例如，喜之郎并非国内第一个果冻品牌，此前已有其他品牌率先进入市场，但顾客心智中并没有一个公认的果冻品牌。喜之郎通过大规模广告抢占了消费者心智，先入为主，收获了超过一半的市场份额。

先胜于心（心智），再胜于形（货架）。 货架的竞争本质上是心智之争，在心智的阵地如果没有提前宣战，货架的竞争就只能成为价格之争、低价竞争。重要的不是货架上有谁，而是消费者的心智中记住了谁。

率先进入消费者心智的品牌，通常会获得更大的权重。诺贝尔经济学奖得主丹尼尔·卡尼曼提出"锚点效应"：对于率先获得的信息，消费者印象更加深刻，决策时会自然地依赖最初的信息。这也证明了在消费者心智中占据一个词之后是不容易被模仿的，即便被模仿，心智给予的权重和等级也是不一样的。消费者心智接受任何词汇都是具备排他性的，不同品牌难以在其中占据同一个词。

心智份额决定市场份额。顾客在做购买决策时总会对各品牌进行排序，对于每一个品类，顾客的心智中都会形成一个有选购顺序的阶梯，每个品牌占有一层阶梯。只有顾客的心智阶梯中有企业的一席之地，企业才能生存。

使公司强大的不是规模，而是品牌在用户心智中的地位。成功的企业，要么拥有不可逆的知识产权，要么拥有不可逆的心智产权。一旦确立了心智产权，加上技术化、数字化的工具，企业就能够长期发展下去。

心智空窗一旦被占据，将很难改写。当消费者心智中的某类信息过载，就很难记住其他同类信息。消费者的心智一旦饱和，想再打进去就无比困难，"机不可失，时不再来"的关键就在于抢在品类创新的空窗期，在目标人群的心智中真正建立起品牌认知。

有品类却无品牌时最大的机会是占据心智空位，让品牌等于品类。 抓住时间窗口占据心智空位对于大家来说都是一样的，对手一定和我们一样想赢。如果在这个时期放弃抢先代言品类的机会，而去和所谓的竞争对手较真，本质上就犯了一个大的错误——错过战势。不要瞄准对手，要瞄准顾客，迅速建立认知优势的机会窗口。

打造品牌，要以不变应万变。 在外部环境不确定的当下，品牌打造要有确定的逻辑，万变不离其宗，这个"宗"就是消费者心智。无论遇到"黑天鹅"还是"灰犀牛"，要把握住其中不变的规律，通过对消费者心智的把握，为品牌资产持续投入。快速变化的只是商业现象，始终不变的是认知规律。

品牌引爆应饱和攻击而非渐进，力争先入为主抢占用户心智。 里斯与特劳特合著的《商战》指出，如果你希望给别人留下深刻印象，那就不能花费时间逐渐地影响别人以博得好感，认知并不是那样形成的，必须如暴风骤雨一般迅速进入人们的头脑。

消费者的认知中有什么，比货架上有什么更重要。竞争看心智：市场上有什么不重要，认知中有什么才重要。货架上的竞争无论何时去看都是红海，从消费者认知的角度来看就会发现蓝海。商机，其实存在于消费者的主观认知之中。因为只有用户的认知是空白的，才有机会去抢占一个位置。

竞争不在货架、不在对手，而在抢占消费者的认知空位。任何一个品类市场一旦进入寡头竞争阶段，就意味着进入成本已经很高了。不只是供应链端的生产成本，更多的是市场端消费者的认知教育成本。因为认知一旦建立，就很难改变。

在顾客心智中没有位置的品牌，终将从现实中消失。营销的竞争是一场关于心智的竞争，营销竞争的终极战场不是工厂也不是市场，而是顾客心智。任何在顾客心智中没有位置的品牌，终将从现实中消失，而品牌的消失则直接意味着品牌背后的组织消失。

谁能获取顾客心智，谁就能摆脱渠道商的控制。现在，仅把货品铺上渠道已经远远不能确保企业在激烈的竞争中胜出了。新时代的赢家在于能在顾客心智中赢得一席之地，因为竞争的重心已由市场转移至顾客心智，经济权力也就由渠道转移至顾客。

26 心智份额决定市场份额

规模固化和资本固化，归根结底都依赖于心智固化。新经济战争往往会经历三个阶段：（1）规模固化，在有限的时间内占据最多的市场空间；（2）资本固化，在有限的时间里争取最多的资本站队；（3）心智固化，在有限的时间里占据消费者的心智。

品牌的心智地位决定市场地位，品牌的心智份额(share of mind) 决定市场份额(share of market)。巴菲特多次强调，心智份额比市场份额更重要。伟大的企业必有护城河，护城河是企业能够常年保持竞争优势的结构性特性，是其竞争对手难以复制的品质。优质产品、高市场份额、有效执行、卓越管理，这些都是常见的假护城河。占据用户心智才是企业真正的护城河。

市场份额是心智份额的外显。市场份额从哪里来这一问题的本质就是顾客从哪里来。当然是从竞争对手那里来最高效。然而太多公司在营销时都无视竞争对手的地位。这里的地位，指的是竞争对手品牌在消费者心智中所占据的那个位置。心智地位决定市场地位，心智份额决定市场份额。

品牌的增长可以归结于两点：心智的显著性和购买的便利性。心智的显著性是指品牌在人们脑海中被主动回想起来的能力，可以称为心智份额。购买的便利性意味着品牌与产品在渠道里的"可见度"。在同一家超市，品牌的货架越大越明显，消费者也会越容易买到。

用一个名字占据顾客心智中的定位，这一过程可以形象地称为品牌在顾客心智中注册。在如今过度传播的环境中，凭借有传播胜无传播、强媒介胜弱媒介起作用的品牌形象广告越来越难奏效，有定位胜无定位在广告传播过程中变得愈加重要。

品牌最大的成功是让顾客感觉良好地做出简单快速的选择。品牌从三个维度提高了商品的交易效率：一是心智预售，消费者在购买之前就已经计划好了要买什么品牌的产品；二是提高流通效率，品牌知名度往往与流通效率成正比；第三，品牌极大地降低了消费者的决策成本，不需要再花时间查找信息或咨询别人的意见。

品牌左右顾客的选择，其表现就是心智预售。 顾客层面存在着两种货架，一种是市场上的货架，一种是心智中的货架。心智预售就是在顾客大脑里完成的销售。顾客在看到产品之前，大脑里已经做出了选择，这种指名购买就是心智预售的结果。

品牌的真正作用是在心智货架完成预售。 企业常常花费数年时间，确定出数条具有说服力的理由，来证明自己的产品更优质，比货架上其他几个产品更好，并且假设消费者会仔细考虑购物车中的全部数十件商品。然而在信息爆炸的时代，企业的任务是让消费者"不费脑子"地选择你的品牌。

抢先拿到消费者心智通行证的品牌，能够在心智货架上完成预售。 产品要想在市场上取得成功，需要两个经销商：一是渠道的经销商，帮助企业将产品铺到消费者的眼前、手边；一是心智的经销商，帮助企业将产品铺进消费者的心里。

真正有竞争力的品牌，能够在用户心智中实现预售。 一流企业销售品牌，二流企业销售产品，三流企业销售劳动。品牌对于绝大多数发展中的企业而言，是最关键的核心要素。聪明的企业会运用品牌抓住消费者的心，赢得消费者的选择。

顾客通过指名购买降低各种交易费用，交易费用的降低最终转化为超额利润。品牌的意义就是进入顾客心智，从而被顾客优先选择。能否在顾客心智中完成预售，是判断企业是否创造了核心经营成果的重要依据。

忽视品牌，就会被市场忽视。企业最重要的职责是将用户视角融入影响任何用户的接触点。一切和用户发生交互的接触点，都是打造品牌、实现心智预售的机会。要洞察和有效利用能够接触用户的场景，让每一次触达都变成品牌价值的传递。

品牌与广告的作用是实现心智预售，渠道与流量的作用是实现成交。转化是分阶段的，品牌广告通过媒介触达潜在顾客，潜在顾客多数情况下不能立即转化为成交顾客，但只要将品牌定位植入顾客心智，实现心智预售，顾客就成了意向性顾客。

心智预售是品牌资产积累的第一步。企业存在的唯一目的就是创造顾客。通过打造品牌实现心智预售，通过心智预售完成顾客创造，被创造的顾客通过指名购买降低各种交易费用，交易费用的降低最终转化成超额利润。

通过打造品牌实现心智预售，交易费用的降低最终会变成超额利

润。有经济学家研究指出，交易费用构成了现代经济的大部分成本。在交易费用中，信息费用占了大半，而在信息费用中，顾客的信息费用又占了大半。从经济学的角度看，品牌存在的意义就是降低顾客的信息费用，从而节省整个交易的费用。

没有实现心智预售，品牌就只是个商标。没有实现心智预售的品牌，不得不缴纳昂贵的进场费，和大量竞争者争夺货架资源，注定利润微薄。实现了心智预售的品牌因为众多顾客的指名购买，渠道商不惜倒贴也要让其进场。一个在顾客心智中没有位置的品牌，就只是一个商标。

营销的目标是让推销变得多余。营销的本质是吸引顾客和保留顾客，最终目的是让推销变得多余。"营"是营造，营造消费者的心智，塑造消费者对品牌的认知，实现在消费者心智中的预售。"营"做到位了，"销"就变得简单，消费者会主动来找你。

品牌没有指名购买，就只有工厂利润，没有品牌的超额利润。与指名购买相反，那些没有完成心智预售的品牌，购买行为就表现为销售现场的随机购买。产品进入的终端越多，货架位置越好，卖出的概率越大。然而这些销量是由渠道和货架创造的，所以利润主要被渠道享有。

27 让用户形成更畅通的记忆连接

大脑倾向于根据更快、更容易被回想起来的信息来快速做出判断。诺贝尔经济学奖得主丹尼尔·卡尼曼提出大脑有两套思考体系,对于靠"快思系统"决策的品类,品牌广告的沟通效果通常更好。对于靠"慢想系统"决策的品类,除了广告还需要销售人员介入才能有效成交。但即使需要销售人员介入,品牌仍然能够大幅降低获客成本及销售难度。

短期记忆转化为长期记忆的核心是持续高频触达。记忆是大脑记录、存储、检索信息和事件的能力,在消费者的购买决策中发挥着重要作用。记忆分为两种类型:短期记忆(一种暂时且有限的信息库)和长期记忆(一种更持久的、几乎无限的信息库)。

成功的品牌算法是让用户形成更畅通的记忆连接，从而毫不费力地选择你的品牌。 营销专家瓦尔维斯在《品牌头脑》中指出，大脑存在一种品牌算法，这种算法有三个标准：（1）相关性，与用户需求越相关，被选择的概率越大；（2）一致性，长期向用户反复传递一致的信息，大脑更容易检索到品牌；（3）参与性，当品牌创造更多互动，大脑会形成新的细胞连接以响应互动环境，提高品牌的可记忆度。

算准人性和心智规律才是品牌的核心算法。 只有真正了解人类在过去 600 万年内形成的人性，才能预测未来 6 个月会发生什么。想要做大生意，永远要顺着人性，流量、算法都是手段，无法代替对人性的洞察。

消费者对品牌越熟悉，就越有可能发生消费。 心理学中的曝光效应表明，人们越频繁地接触某物，越认为它是积极的。品牌也是一样，消费者若决定购买某款产品，大部分时候是建立在对这款产品比较熟悉的基础上。

知名度产生熟悉感，熟悉感影响偏好度。 你如果留意过自己做购买决策的过程，会发现绝大多数时候，你最终都会选择心目中处于中心位的那个品牌，主观上更倾向于那个品牌。某个品牌越容易被我们回想起，我们就越会觉得这个牌子比较好、比较重要。

习惯是不假思索地重复。要对抗信息粉尘化与用户健忘症，品牌只有两条路：第一条路是重复，第二条路是大声重复。要使人们相信一个概念或事物的方法就是不断重复。品牌的最终目的是跳过消费者的大脑，让人们不假思索地做出习惯动作。

短期记忆变成长期记忆的核心要素是反复高频触达。德国心理学家艾宾浩斯研究发现，遗忘在学习之后立即开始，而且遗忘的进程并不均匀。最初遗忘速度很快，随着时间的推移，遗忘速度减慢，遗忘的数量也在减少。短时的记忆很容易被迅速遗忘，经过及时复习和不断重复，更容易在大脑中形成长时的记忆。

积累认知要确保"最小信息单元"，即关键的一个词、一句话，在高频低干扰的环境下反复触达，持续叠加，才能把短期即时记忆转化为长期记忆。种草种不出品牌认知，因为无法确保每次传递的信息都是一致的，消费者不仅无法有效记忆，还会对品牌价值产生疑问。

品牌传播要横向统一、纵向坚持，让所有资源、所有动作都往同一个方向努力，让每一个传播动作都成为品牌资产的积累。从心理学的角度来看，记忆有四个基本的过程：识记、保持、再认和再现。因此对品牌传播来说，无论是外在的形式还是内在的内容，都必须横向统一、纵向坚持。

用正确的策略传达正确的品牌价值，这样的重复行为才有意义。首先，人们往往更愿意相信自己熟悉的人和事，而重复会带来熟悉度与安全感，增加可信度。其次，当一个信息不断重复，人们会产生信息源记忆错误，误以为这是听多方所说得知，在从众心理的影响下，更会认为这是可信的。

做品牌要懂得心理暗示，而且要抢先进行心理暗示。暗示是一种最简单、最典型的条件反射，由于主观上已经肯定了其存在，心理上便竭力趋向于此。你先说了，这个心理暗示所产生的效果就是属于你的，第二家再这样说的效率就递减。广告就是一种心理暗示，累积起效后就成了行动指令。

品牌要不断强化，成为人们潜意识的选择。人的动作有 70% 是潜意识的选择，所以真正的品牌不是靠消费者理性分析选择出来的，而是不假思索的条件反射。

人脑最爱走捷径，品牌是大脑快思维的选择。做选择消耗了人们大量的时间，幸运的是，大脑进化出了许多认知捷径来帮助我们快速决策。在这一过程中，品牌与大脑的决策系统进化是完全一致的，品牌最大的成功是尽可能地让消费者"少动脑"，让他们感觉良好地做出快速、简单的选择。

要使人们相信一个概念或一个事物的方法就是不断重复。丹尼尔·卡尼曼认为，重复性会引发认知放松的舒服感和熟悉感，人们很难分辨熟悉感和真相之间有什么区别。熟悉的事情更容易被相信，因为不需要调动大脑的"慢想系统"，从而进入一种认知放松的状态，做出舒服而简单的判断。

相信重复的力量，成为用户的潜意识。"重复"会改变我们的观点，潜意识对我们的影响无处不在，品牌可以做到的就是找到一个具有竞争性的切入点，通过不断重复成为用户潜意识下的选择。

种草种不出品牌认知，别人种草，你要种树。有些企业认为借助种草、短视频等可以建立品牌认知，却不明白自己想让消费者记住的到底是什么，无法确保每次传递的信息都是一致的。消费者不仅无法有效记忆，还会对品牌价值产生疑问。唯有在高频、低干扰的环境持续触达，才能把短期记忆转化为长期记忆。

当你停止向大众持续传递认知，被遗忘的速度比想象的快得多。流量投放动辄数亿次曝光、千万次阅读，企业自以为火遍全网，然而消费者的认知远没有企业自认为的那么乐观。消费者是善忘的，大脑习惯于过滤无用信息，记住有价值的信息，这也是很多家喻户晓的品牌还在长期打广告、做营销的原因。

有效的广告能够刷新并建立记忆结构，使得品牌更容易被注意到和联想到。广告起作用的主要方式是刷新和构筑记忆结构，一些与品牌相关的记忆结构，包括品牌功能、品牌形象、品牌购买渠道、品牌使用场景等。这些记忆结构能够提升一个品牌被回忆起来的概率，或者在购买场景中被注意到的概率，进而提升品牌被购买的机会。

广告起作用的主要方式是刷新和构筑记忆结构。促销往往更有利于经常购买的重度顾客，其销售效果无法得到长时间延续，不断打折促销反而会拉低品牌价值，容易陷入价格旋涡。广告是为了触及并影响所有类型的顾客，建立或刷新顾客对该品牌的记忆结构，让顾客在未来的购买场景中更容易联想到自己的品牌，从而产生购买倾向。

广告有效的秘诀在于建立品牌在顾客潜意识中的内隐记忆。记忆可以分为外显记忆和内隐记忆,内隐记忆的存在证明了记忆是如何影响我们的行为的,例如当人们多次听到同一句话的时候,即便他们记不起来,但比起那些以前没听过这句话的人,也会更倾向于认为这句话是对的。

28 影响顾客需要先说服情绪再说服理性

非理性是人类的本能，是主宰人类行为和决策的隐形力量。行为经济学家丹·艾瑞里在《怪诞行为学》中提到，人们对待事物的感觉，往往是影响其采取行动的重要因素。无意识的冲动比有意识的决定形成得更早，想让消费者做出购买行为，不仅要传达利益诉求，还要想办法"塑造感觉""挑起情绪""下达行动指令"。

人们迅速做出决策，往往依靠感觉而非理性。消费者的反应并不完全是知性、理性的，许多反应是感性的，能够唤起不同种类的感受。例如一个品牌或产品可能会让消费者感到自豪、兴奋，一个广告可能会让人产生愉悦或惊奇的感觉。情感是自发产生的心理状态，而不是来自有意识的努力。

大脑倾向于根据容易想到的、印象更鲜明的信息来快速做出判断。

"判断"是使用人类大脑作为工具的一种测量方式。同所有测量工具一样，人类的大脑并不完美，同时存在偏差和噪声。判断不等同于思考。

从众性的"展示效应"会产生巨大的连锁反应。心理学实验表明，当有一个路人抬头看天的时候，有 20% 的路人会跟着抬头看天；而一旦有 5 个人抬头看天，就会有超过 80% 的人也停下脚步，跟着看向天空，即使天上什么也没有。

对抗信息噪声的核心是中心化引爆，降低消费者的决策成本和信息费用。诺贝尔经济学奖得主赫伯特·西蒙在《管理行为》中提出"有限理性"概念，认为人们在主观上追求理性，但只能在有限的程度上做到这一点。因为人们加工信息的能力是有限的，同时信息本身伴随着噪声，信息量越大并不意味着质量越高。

用户往往无法准确说出体验，只能展现情绪。想深入认识用户，先要读懂他们的情绪，对理性的调用需要时间和思考，驱动决策行为的可能只是一瞬间的情绪。而这种决策机制的本质就是人性的趋利避害：喜欢熟悉，讨厌陌生；喜欢简单，讨厌复杂；喜欢即时享受，讨厌延迟满足。

品牌是顾客对某个产品、某种服务或某家公司的直觉。人们很容易受到词语"魔咒"的影响，很多品牌通过对一句广告语的饱和投放，引导了顾客的直觉，强化了心理暗示。品牌的一句广告语或一种概念一旦形成，其引力会不断作用于顾客的感官，影响顾客感知，形成心理定式。

品牌收获的信任，就是企业的生命力所在。如果企业在产品、渠道的胜利不能转化成消费者心智的认知优势，往往等于白费劲。消费者的认知也是一种势，所谓"人心所向"，指的就是认不认这个势。市场竞争中处于败势的公司其实就是在心智认知上不占优势。率先抢占顾客心智，才能从优势到胜势。

想要影响消费者的决策，最好从情绪进入，再说服理性。驱使人们做出选择的往往是直觉反应而非理性判断，消费者看似理性的背后，往往埋伏着许多非理性的"喜爱"。人们理性的购买决策其实都是为自己的"心头好"找一个合理的理由。大脑倾向于根据容易想到的、印象更鲜明的信息快速决策。

企业真正的任务是让消费者毫不费力地选择你的品牌。认知流畅性会影响人们对事物的判断或评价，高流畅性带来趋于正面的判断，低流畅性带来趋于负面的判断。因为大脑偏好"简单易懂、图像化"的信息，并且会主动避免复杂、困难的信息。

品牌知名度、认知度越高，直播带货和流量广告的效果越好。对于一个没怎么听说过的品牌，仅仅指望直播讲两句、流量广告看两眼就完成购买是非常困难的，因为它没有跟消费者建立信任。如果品牌没有一定的知名度，消费者的信任就很难建立，信任源于认知度和熟悉感。

构建品牌，本质是构建信任。做品牌，其实就是做人。一个人能不能收获他人的信任，就是一个人的基本素养所在。企业要把品牌建设在顾客认知的制高点上，让顾客不是因为流量买你，而是因为信任和认同。

品牌知名度、认知度、信任度决定转化率和成交率。同样在线上获客，知名品牌会比不知名品牌的点击率高出许多倍，成交率也会高出许多倍，因为品牌的信任度不同。

商业的本质是交易信任，品牌的本质是认知信任。为什么有些品牌一直都只是货，而不能真正成为品牌？原因就在于没有累积核心的品牌资产。品牌是"银行账户"，信任就是"货币"，企业针对品牌建设做的每一个动作，都是为"银行账户"持续存入"信任货币"。

经营不只是经营产品，也包括经营信任。 品牌亮相要自带信任状，人无信不立，产品也是如此，信任状从根本上解决的就是消费者的不安全感。一个没有信任状支撑的产品，就无法支撑价格。成功的品牌都是在塑造信任、经营信任，进而建立信任。

品牌源于信任，兴于信任。 对于品牌来说，消费者的信任是一笔巨大的财富。信任既是品牌建设的基石，也是品牌能够产生长线效应的引擎。品牌不仅要抢夺认知红利、人心红利，更要创造信任红利，从认知加固到信任加固，不断构建声望壁垒，创造受消费者拥护的复利效应。

品牌的终极追求是构建可以与用户共鸣、共振的"心流体验"。 "心域流量"是在品牌所覆盖的公域流量和私域流量的基础上，去建立信任和达成用户共鸣的行为。只有关注消费者的心灵体验，创造更多的精神价值，赋予消费者自我探寻的能量，才能让品牌走到消费者的心坎儿里。触动消费者"心域"才有持续免费的流量。

信任的本质是安全感，安全感源自熟悉。 所有企业都必须达到的终极目的，是完成交易，而达成交易的前提是信任。因此，在达成交易之前，企业必须先完成一系列动作，来建立这种信任。对于建立信任，人类大脑有一条完整的链条——从知道、熟悉到关注、了解，最后才到信任。影响客户决策的不是一见如故，而是日久生情。

29 低决策成本造就高行动数量

感性胜于理性，安全大于正确。消费者做出购买决策往往依靠感觉而非理性，购物心理是安全大于正确。信任感、熟悉感都可以催生出安全感，这种安全感会战胜不知名品牌或产品带来的风险厌恶，触动消费者继续选择熟悉的品牌、熟悉的产品。

消费者倾向于做出冲突最小的决策，本能地更愿意和熟悉的对手交易。顾客需要品牌提供零风险承诺，偏爱从众性购买，选择熟悉的品牌重复购买，都是心智追求安全这一规律在购买决策中的体现。品牌的保障价值，就是在降低顾客的安全风险。

从众、暗示、模仿、安全是公众的底层心理结构。靠什么去制造从众、制造暗示、促进模仿、承诺安全？本质上还是靠广告。凡是向目标消费者传递信息，以达到影响消费者行为、促使消费者行动为目的的活动都可以称为广告，广告是一种心理暗示，累积起效后就成了行动指令。广告不是万能的，却是抵达和推动新用户增长的核心方式。

低决策成本造就高行动数量。人们往往不愿意冒险和改变，也不愿意跳出固有思维，哪怕你的产品很值得尝试，但如果无形之中增加了决策成本，很多人最终也会放弃购买。要降低用户的决策成本，设法让用户觉得行动起来很容易，从而做出简单快速的选择。

不要怀疑自己的第一印象，潜在顾客根据第一印象行事。要放弃已有的成见或心中预设的答案，只带着观察事物的锐利双眼和开放的头脑对市场或前线进行审视。如果你满脑子都是自己的公司和产品，可能无法站在顾客的角度看问题。

顾客的很多决策并不是意识决定的，而是潜意识决定的。顾客并不是总能知道自己想要什么，90%以上的决策是通过潜意识或凭直觉做出的，如果你要他们描述，他们会选择最容易描述的东西。这在行为经济学中被称为"认知流畅性"，从顾客决策的心理出发，让选择变容易、变轻松是一条有利的经验法则。品牌的终极目标是要把自己从顾客"有意识的选择"变成"潜意识的选择"。

只有理解消费者心智规律，才能有效突破心智屏障。消费者有六大心智规律：一是厌恶复杂，二是容量有限，三是先入为主，四是没有安全感，五是充满好奇心，六是追求社会地位。

激发消费者的心理需求，成为消费者想要的品牌。所有购买行为都源自两个动机：需要和想要。消费者的"需要"往往是功能层面的需求，在物质过剩的时代随时随地可以被满足，可以被其他产品所替代。但消费者的"想要"往往是来自心理、情感层面的需求，一旦建立就很难被取代。

存在于顾客心智中，左右着顾客选择的品牌，才是企业经营的核心成果。从经济学的底层逻辑来看，降低企业与顾客的沟通成本是商业模式的重要根基。正如管理学大师彼得·德鲁克所言："企业的经营成果在企业外部，企业内部只有成本。"所有极致的产品、材料、工艺，如果没有转化成顾客的认知优势，就都是成本。

进入心智最好的方法，是找到心智已有的认知。建立品牌认知，就是建立一个能驱动消费者行动的符号。符号的生产方是企业，符号的传达对象是消费者，要让消费者理解企业所要传递的意义，就要运用人们的集体认知、集体潜意识，调动心智力量，建立认知优势，进而提升品牌传递效率、降低传播成本。

攻入"心理账户"，占领"心智位置"。心理账户是行为经济学中的一个重要概念，人们会将自己的金钱进行分类，为不同账户所愿意花费的金额相差很大。成功的品牌往往能够通过品类创新，在消费者心中创建全新的心理账户。有了心理账户的池子，还需要突破阈值，才能够促成购买行为。

封闭空间的不断重复，会触发心理启动效应，潜移默化影响用户心智。如果你在电梯口经常听到一首广告歌，那么接下来的一段时间，你对这个品牌的敏感度就会升高，在渠道上遇到这个品牌也会更容易注意到它。这种行为和情感不知不觉间被他物启动的现象，就是诺贝尔经济学奖得主丹尼尔·卡尼曼常说的心理启动效应。

产品的公共可视性越强，品牌被识别的程度越高，越容易激活人们的行为。人们经常会模仿别人的一些行为，心理学家称之为"社会证明"。这种从众效应的关键是产品的公共可视性，假如人们看不到其他人的选择，跟随和模仿就无从谈起。而当可视性好时，产品更易于被公开讨论，还会刺激人们的购买决策。

简单概念胜于复杂概念，单一概念胜于多个概念。如何才能进入潜在顾客的心智呢？找到一个信息并以不同的方式没完没了地重复，还是宣传很多不同信息？如果一个信息跟另一个冲突了，那就是搬起石头砸自己的脚。信息过多，潜在顾客会感到迷茫，不知道你到底是谁，到底代表什么。

品牌三问是品牌与顾客最重要的沟通，让品牌快速到达顾客心智中的正确位置。顾客最想知道的信息，就是能够降低交易费用最多的信息。顾客面对新品牌时，本能地想知道"你是什么？有何不同？何以见得？"这三个问题的答案，因为这是顾客了解一个品牌最省力、最有效的方式。

提供更多选择，其实是一种阻力。太多的选择加大了人们延缓决策的可能性。如果只有两条牛仔裤可以选，你不会期望太高；但如果有几百条牛仔裤，你会期望找到一条完美的。人们会被太多选择压垮，以至于有失去行动能力的倾向，往往在从众心理的影响下选择跟风购买。①

人们总是同情弱势品牌，却又购买领导品牌。通常，人们总以为自己是在购买应该要买的东西，并不知道自己也会像羊随着羊群盲动一样，受到从众心理的影响。大部分人并不知道自己为什么

---

① 本段引自杰克·特劳特、史蒂夫·里夫金作品《重新定位》，略有改动。

要购买某个品牌，更多的情况只是在跟风购买。

美好的品牌形象论是领导品牌的特权，跟随者盲目效仿反而容易陷入误区。 大多数人买耐克，因为耐克是全球运动鞋第一品牌，背后的逻辑是从众心理，而非耐克广告中传递的坚持不懈、永不言败的价值主张。

强大的品牌让顾客思考得更少，是大脑的默认设置。 德国神经经济学家彼得·肯宁在消费者选择品牌时扫描了他们的大脑活动，发现当人们选择第一品牌时，大脑显示出显著的不活跃。也就是说，强大的品牌会让选择变得毫不费力。

人们不会改变其固有认知，一旦形成某种看法，一切就已经决定。 如果你希望给消费者留下深刻印象，那就不能花费时间逐渐地影响消费者以博得好感。认知并不是那样形成的，必须采取迅猛而非渐进的方式，如暴风骤雨一般迅速进入人们的头脑。

瞄准目标孤注一掷，集中力量击破阈值。 德鲁克认为，"孤注一掷"战略必须有一个雄心勃勃的目标，否则注定会失败，一般它瞄准的是主导一个新产业或新市场。这不是盲目的赌博，而是要不断地关注市场变化，看准了方向，就集中企业的优势资源去大干一场，并且击穿阈值。

饱和攻击才能突破认知阈值，抢占消费者心智壁垒。计量经济学中的"阈值效应"指出了营销的重要规律：只有当营销力量在市场中达到一定量级时，才能突破消费者认知阈值，越过从量变到质变的拐点，取得显著的收益。这也是商战中饱和攻击的原理。

30 打破信息茧房才能破圈成长

拉新是不变的动作，破圈才是最终的目标。 品牌增长到一定阶段，往往会遇到边际效用递减的问题，原因就是品牌力不足。当增长出现乏力时，对内要拉动复购，提升转化；对外要提升拉新，突破圈层。从品牌用户到竞品用户、品类用户，再到跨品类用户、场景用户，只有不断突破圈层，才有可能持续增长。

认知破圈，产品才能破圈。 品牌应该传播好两种认知：一类是精准认知，面向目标用户，即会买、会用的消费群体；一类是破圈认知，面向广谱用户，即有必要广而告之的大众群体。品牌认知不能只传递给目标用户，当认知破圈以后，就会从小众人群的选择成为大众人群的选择。

信息不对称是永恒存在的，消费者更依赖品牌来降低交易成本。

互联网时代信息泛滥，但消费者解读信息的能力和精力却极为有限。竞争者还会为了自己的利益隐瞒信息、制造噪声，导致"网络无真相"。在这样的情况下，品牌能够降低消费者进行交易的成本。

算法把用户局限于狭窄的认知空间，用户很容易陷入自以为全知，其实无知的信息茧房。在互联网时代，人们获取信息的渠道都有一个共同的特点，就是会投你所好，定向投喂。然而真相往往是，在一个人的朋友圈里刷屏的那篇文章，在另一个人的朋友圈里却从来都没有出现过。

过度投资精准流量窄化了市场空间，忽略了品牌护城河。品牌诞生初期资金短缺，生存是首要目的，要优先使用精准流量。到了成长期要想实现指数级增长，必须进入大众市场，为品牌破圈做铺垫。成熟期的品牌已经积累了大量顾客，可以自带流量，关键任务是提高和改善品牌声誉，广告策略要调整为品牌广告为主、效果广告为辅。

能触达的媒体结合能触动的内容才是完整的营销引爆。媒体的核心问题是触达，但触达不一定能做到触动，真正的好文案是能在消费者内心产生触动，能推动销售成功，并通过市场验证有效。

一旦能够触动人心，它就引爆了这个市场。把能触达的媒体和能触动的内容结合在一起，才是一个完整的营销引爆。媒体的核心是触达，触动的关键是内容。

传播是纵横协同，没有破圈就没有成长。新品牌往往容易陷入一种"原点陷阱"，每个新锐品牌起来时都有一批铁杆拥趸，但原点人群很快就会到达上限。传播是纵横协同，不仅要纵向深入对目标用户进行宣导，加强品牌与用户之间的互动，还要横向覆盖更多的潜在用户，破圈成为社会共识。既要不断地夯实核心用户，又要破圈拓展大众用户。

破圈的本质是改变消费者心智，成为主流人群的主流选择。所有新品牌在角色塑造的过程中，都面临心智破圈的问题。新品牌从0到1是破壁，用产品创新打造差异化，迅速吸引年轻的尝鲜人群，成为新锐品牌。但这之后要做的，就是抢占时间窗口，进行集中引爆式的传播，促使品牌破圈，成为大众主流。

破圈是从争夺存量市场，切换到开拓增量市场。当品牌增长出现乏力时，一方面要看到战场，打拉新之战，破圈突围；一方面要看到战势，率先上量级打心智之战，率先抢占消费者心智。只有不断突破圈层，才有可能持续增长。

破圈的必经之路是打通线上线下次元壁。 在线上崛起的新锐品牌追求精准流量，本质上是"货找人"的逻辑，而品牌是让"人找货"，让消费者想起这个品类时就能想到你。因此，新锐品牌需要固化自身的差异化价值，抓住时间窗口展开饱和攻击，打破次元壁走到真实的世界中，在消费者心智中将品牌与品类画上等号。

品牌的作用是破圈和防卷。 对一些新品牌来说，通过品牌引爆破圈，可以让更多人知道你，取得规模化优势。其次是防卷，遏制竞争对手。你做出了一个爆品，但是对手会很快跟进，爆品迅速同质化，品牌广告的饱和攻击将令你率先抢占用户心智，关掉竞争对手的入脑之门，形成虹吸效应。

没有引爆破圈的品牌，如同一直在湖里扑腾，始终没看过海的容量。 短平快的流量投放，动辄数亿次曝光、千万次阅读，看似做了很多动作，然而影响力只能被限制在局部的时空内，不过是"茶杯里的风暴"。品牌自以为火遍全网，然而对广谱顾客而言，一百个人中有多少人知道你？圈层化的精准营销难以形成广泛的社会共识。此外，流量广告的触达环境嘈杂，竞争对手也会针对同一批圈层用户投放，而用户多数会选择直接划走。破圈的关键是建立社会共识，从小众圈层突破到大众认知。

品牌引爆的正确姿势：看得见、听得清、记得住、忘不掉。"看得见"是选择中心化主流媒体，影响主流消费者；"听得清"是避免复杂的语言，尽量用简单的文字表达；"记得住"是简单顺口，易记易传，最好是押韵的句子或人们耳熟能详的乐曲；"忘不掉"是反复高频触达，这样才能牢牢打进消费者心中。以持续的品牌建设赢得消费者的长久信任。

引爆品牌要"快、准、狠"，"快"在把握先机，"准"在精准定位，"狠"在饱和攻击。 在这个喜新厌旧的时代，一个新品研发的速度有多快，被消费者遗忘的速度就有多快。对企业来说，必须选择恰当的攻击时机，找准差异化定位，以最快速度抢占消费者心智。

第六章

传播即聚焦

31 营销是一场心智的较量

营销的起点不是品牌想要什么，而是顾客的大脑想要什么。"现代营销学之父"菲利普·科特勒认为"营销是行为经济学的另一种说法"，当营销符合人类与生俱来的行为规律时，品牌就最有可能取得成功。前文我们也提到过，无意识下的自主性思维是人们做出决策的"幕后主使"，而这种决策机制的本质就是人性的趋利避害：喜欢熟悉的事物，讨厌陌生的事物；喜欢简单，讨厌复杂；喜欢即时享受，讨厌延迟满足。

营销的本质是在信息不对称的市场发射信号。在商业活动中，交易双方对于他们要选择的产品或服务所拥有的信息并不完全相同。正是因为这种信息不对称，才有了营销的存在，以降低消费者处理信息的难度。信息越不对称，品牌营销就越重要。

营销是企业给顾客发信号，信号不强则无效。如果把营销比作在市场中发射信号，那就要直接发射信号弹，不仅要有适合的内容和适合的场景同时作用，还要在特定的时机集中引爆。广告信号被多次重复后就变成了更强烈的事件信号。

营销的信号要强，覆盖要广。信号强：能选择高势能媒介，就不用低势能媒介；覆盖广：不能只讲精准打击，要广覆盖全部消费者，如决策者、购买者、使用者、传播者等。

人们头脑中的认知往往被当作普遍的真理，市场营销是一场各种认知之间的较量。为什么许多营销决策都基于对事实的比较？为什么众多市场营销人员都认为自己掌握了事实，并试图去纠正顾客心智中不正确的认知呢？顾客的心智是很难改变的，稍微有一点对某种产品的经验，顾客就会认为自己是正确的。

营销大渗透增加品牌的心智显著性，从而让品牌进入顾客的心智阶梯。营销大渗透＝营销规模 × 营销效率。想要实现营销规模的增长，更有效率地触达更多用户，第一是要广撒网（广度），争取更大范围的用户曝光机会；第二是要持续（深度），避免碎片化的传播，要持续不断地曝光。

营销的目标不是改变用户心智，而是改变进入用户心智的方法。认知决定了消费者对产品的看法、选择产品的意愿、消费产品的习惯等。如果企业找不出与消费者认知直接对接的产品概念，也无法通过产品概念的切割改变消费者的认知，那产品注定是一个失败的产品，迟早会被市场淘汰。

品牌营销是一场消费者认知的较量。 在信息爆炸的时代，可获取的信息越来越多，但是从繁杂的信息中筛选出有价值的知识却愈发困难。人们缺乏的不是获取信息的能力，而是认知能力，认知决定了思维模式和行为偏好。品牌要具备管理消费者认知的能力，在消费者心智中建立起与竞争对手相区别的认知优势。

营销的真正对手是顾客的遗忘。 对于企业来说，营销的目标当然是打败竞争对手，至少是防止自己被对手打败。然而，营销的本质是一场对抗顾客遗忘的战争，当顾客的心智阶梯中有企业的一席之地时，企业才能生存。营销的真正对手是顾客，准确地说，是顾客的"遗忘"。如何突破消费者认知阈值？唯有重复。

理解需求是营销的前提，创造价值是营销的本质，管理认知是营销的手段，建立关系是营销的目标。 企业的所有营销活动一定是始于顾客并终于顾客的：始于理解顾客需求，终于为顾客创造价值。通过研究消费者的需求痛点，决定向其提供何种价值；接着打磨产品，创造价值；再向消费者传递价值，把产品价值转化为用户认知；最后与消费者结成价值共同体。

对于营销来说，所有的事都是一件事：为购买提供理由。很多时候不是竞争对手打败了我们，而是我们从一开始就没有在购买理由上做足思考。这个理由你想不想得清楚，决定了你说不说得明白，不需要七七八八的知识，一个理由就够了。在顾客的心智中独占一个词，把这个词守住了就是一个好理由。

营销的本质是吸引顾客和保留顾客。广告负责"吸引顾客"，品牌负责"保留顾客"。好的营销兼顾这两者，洞察消费者的心理和行为，最终目的是让"推销变得多余"。

营销，是为了减少消费者的心智阻力。企业的成功离不开产品、渠道和营销的有效平衡。产品是把千钧之石推上万仞之巅，从而获得巨大的势能。渠道是产品与用户接触的触点，确保产品更容易被买到。

营销是发现本就存在于顾客心智中的认知，把已有的认知基础转化为品牌资产。我们总是想给顾客新鲜的、创新的东西，总是以为顾客对新的东西接受更快，然而事实是顾客对新的东西遗忘更快。当我们传递一个信息时，不要无中生有发明新的，而是要发现旧的，所谓的"旧"是指顾客心智中已有的认知基础。创新不是破旧立新，而是以旧立新，实现和顾客心智中已有认知的连接。

营销的目标不是改变心智，而是改变进入心智的方法。 顾客心智中已有的认知，就是企业必须面对的客观事实，顾客只能看见他能看见和想看见的东西。企业要利用顾客心智中已暗藏着的常识和观念，任何试图改变顾客心智的努力都是徒劳无功的。要借力打力，顺应消费者认知。

营销的起点不是企业想要什么，而是顾客的大脑想要什么。 在品牌和产品营销当中，不存在完美的内容和好内容，只存在对的内容。归根结底，营销是要回到用户角度，不要自说自话。当营销符合用户在场景中的行为规律时，就最有可能取得成功。人、货、场匹配的内容才是真正对的内容。

营销力是引导情绪的能力。 如果说企业、产品、消费者三方关系为明线，那么隐藏其中促使消费者完成购物行为的"冲动"就是暗线，这条暗线就是情绪，是消费者作为人类的本能和直接反应。营销的目的是引导情绪，影响消费者的潜意识。

产品价格和渠道优势日益趋近，应借助强势媒介直击顾客心智。
在产能极度过剩、产品极度丰富的移动互联网时代，不同品牌在产品实力和渠道能力上的差距越来越小，媒介战场上的行动就成为决定竞争胜负的重要砝码。

32 高质量传播是品牌增长的保障

高质量传播是品牌增长的保障。 畅销书《认知盈余》作者克莱·舍基说:"媒介正在从商业的一种集合体,转向社会连接组织的定义。"品牌如何连接消费者,成为一种决定商业命运的动作。而解题的思路,正是品牌传播的基本载体——媒介。只有高覆盖、高质量、高影响的"三高媒体"才能驱动消费者改变行为。"高覆盖"是指消费者触达率高和消费者接触时长高;"高质量"是指消费者专注度高和消费者记忆度高;"高影响"是指消费者的购买转化意愿高。

传播的本质是用重复叩开消费者的心理关隘,并通过不断重复来抵御遗忘。 品牌营销到底要有趣、有料还是要有用、有效,不能靠直觉,而是要回到传播的第一性原理上来。必须通过确定性极强的传播手段,在潜在消费者心智中高频重复输入和巩固,并坚持长期主义，才能享受时间的复利。

传播的目的是影响行动。 美国心理学家威廉·詹姆斯发现，人们 99% 的行为都是纯粹自发式的活动，并不涉及有意识的态度和动机，大多数的行为并不是深思熟虑的决定，而是受到环境影响的条件反射。当人们产生了某种行为，就会形成相应的态度，为自己的行为寻找合理化解释。

传播的两个关键要素是信息策略（说什么）和创意策略（怎么说）。 许多广告习惯于关注创意策略，即如何提出奇思妙想，却忽略了信息策略，即要传递什么有价值的信息。缺乏品牌价值主张，只有随波逐流的热点内容，无助于品牌心智的建立。品牌价值主张反映了品牌的内核，是消费者选择你而不选择别人的理由。

传播的核心是确定性和中心化。 确定性是每个品牌在发展过程中始终追求的目标，因为传播中最大的风险就是不确定，当你想把你的品牌名送进几亿消费者的耳朵里时，就要寻找消费者躲不掉的封闭空间。在低干扰的封闭空间，反复高频触达才是真正确定性的收视。

传播既要争取消费者也要控制竞争对手，消费者的心智份额决定

品牌的市场份额。传播的核心要针对两个群体，一是消费者，一是竞争对手。投广告首先要拉拢人心，抢先占领消费者心智。广告投下去还要看市场占有率，看消费者中有多少人知道你的品牌。当人群基数很少时，口碑就无法形成。

传播要忌贪，想说的太多等于什么都没说。分散排布的信息点过多，不但不会让消费者对你的印象更加深刻，反而会稀释消费者对于核心信息的注意。应对传播过度，最好的方法就是尽量简化信息，最终在顾客的心智中拥有一个专属于你的词。

传播要横向统一、纵向坚持。对品牌传播来说，无论是外在形式，还是内在内容，都必须"横向统一，纵向坚持"。"横向统一"是将所有资源、所有动作都往同一个方向努力，让每一个传播动作都成为品牌资产的累积。"纵向坚持"是当广告策略有效时，就不要轻易改变。统一并不意味着一成不变，而是不偏离品牌的核心价值。

传播应以重复对抗遗忘，以中心化对抗碎片化，以确定性对抗不确定性。首先，重复是传播的第一性原理，只有重复才能对抗遗忘。其次，当品牌置身于信息爆炸的移动互联网，对抗碎片化的首要方法是集中引爆，充分发挥中心化的优势。最后，社交营销的普遍挑战是难以复制的成功、无品牌价值的刷屏以及无比迅速的遗忘，不确定性极高的投入犹如一场赌局。

品牌要持之以恒地重复传播，避免让新一代顾客感觉陌生。"喜好原理"是心智规律的体现之一，人们本能地更愿意和喜欢的、熟悉的对手交易，这背后就是重复博弈导致的合作进化。因此品牌要持之以恒地传播，如果条件允许还应当建立会员机制，利用重复博弈推动合作的进化。

传播要集中火力于狭窄的目标，使其能切入顾客心智。"定位之父"艾·里斯多次强调："应对传播过度的最好方法，就是尽量简化信息。传播和建筑一样，越简洁越好。"诺贝尔经济学奖得主丹尼尔·卡尼曼在《思考，快与慢》中提出：如果你希望别人认为你可靠、聪明，那就不要用复杂的词汇，用简单的词汇就可以了。

有限预算更需要集中引爆，受力点越小，压强越大。区域攻坚要牢记三个"不"：（1）不鼓励资金有限的品牌盲目"撒面粉"；（2）不在没有足够渠道承接的地域"搞攻坚"；（3）不狭义化"精准"概念。例如分众不仅可以做到地理意义上的精准，还可以根据楼价、商圈和潜客浓度挑选楼宇。要聚焦核心媒体、核心区域，穿透核心人群的心智。

好的传播策略是在时间和空间上集中、集中、再集中。品牌传播要时间集中：短、频、快；空间集中：在每个局部占有绝对优势；寻找消费者躲不掉的封闭空间：春节档、春晚、分众电梯。压倒性投入就是不留余地，把水烧开到100℃。

传播中分散资源是最大的风险，要把所有鸡蛋放在一个篮子里。压力之下企业往往会有一种错觉，认为在所有的篮子里都放上鸡蛋才是最安全的，经常是"大锅饭"式地平分了营销费用。我们反复强调，这会降低企业对单一市场的渗透率，10个渠道各1%的渗透率，不如1个渠道10%的渗透率，因为1个渠道10%的消费者会引爆剩余的90%。要集中资源一次性单点引爆，制造营销的"穿透效应"。

传播要注重价值型指标，而非结果型指标。衡量品牌传播的KPI（关键绩效指标）是什么？务实的老板大多会将KPI着眼点放在清晰的获客上，这也成了一个通病：KPI替代了品牌的实效增长成为企业追逐的绩效目标，即所谓的"KPI短视症"，忽视了真正需要创造的品牌价值。

过度追逐热点，缺乏与品牌核心价值的结合，最多只是刷了存在感，无助于品牌心智的建立。 成功品牌传播的三种有效方法：融入社会重大话题，融入社会热门娱乐，融入消费者核心生活空间。如果只是追逐市场热点，没有强化品牌的核心价值，这种传播只会浪费企业的精力与资源。

过度追求精准传播，等于放弃成为公众品牌。 品牌在初创期可以采取点对点的精准营销方式，因为这个阶段追求的是高转化率。但是随着品牌的发展和体量的不断增长，精准反而成了最大的阻碍。一个成长中的品牌如果在传播过程中过度追求精准，就是在放弃成为一个公众品牌的可能性。

33 广告的本质是塑造正面认知

广告的本质是在塑造一种正面的认知预期。人们对一件事物的预期会蒙蔽自己观察问题的视线。如果我们事先相信某种东西好,那么它一般就会好,反之亦然,这就是心理学中的预期效应。人们的喜好有时候并不是根据实际体验得来的,而是预先就已经设定好了答案。

广告能在顾客大脑中发起认知的启动效应。"启动效应"在心理学中是指受某一刺激的影响而使得之后对同类刺激的认知和加工变得容易的记忆现象。广告传播中同样存在着"启动效应",当广告重复影响用户,用户在生活中遇到相同场景时,就会启动大脑中已有的广告印象。

广告有效的秘诀在于建立品牌在顾客潜意识中的内隐记忆。记忆可以分为外显记忆和内隐记忆。内隐记忆的存在证明了记忆是如何影响我们的行为的，就如我们在前文所讲的，当人们听到一句话的时候，即便他们记得不那么清晰，但比起那些以前没听过这句话的人，会更倾向于认为这句话是对的。

广告降低认知阻力，触发行动指令。但凡我们的眼睛和耳朵探测到的内容，大脑几乎照单全收，无意识地接收并储存这些信息。广告也有相似的工作原理，广告的真正威力是在大脑中创造出长期持续的隐性记忆。消费者下次在渠道看到这个产品，大脑会做出"似曾相识"的判断，就会更倾向于选择它。

广告是无意识的药丸，影响潜意识下的选择。媒介理论家麦克卢汉认为："广告不是供人们有意识消费的，它们是作为无意识的药丸设计的，目的是要造成催眠术的魔力。"广告，对消费者而言，不需要全神贯注，因为全神贯注就会思考，思考就会产生心理防御。

广告是一种心理暗示，累积起效后就成了行动指令。美国著名广告学家丹·舒尔茨说广告的作用就像一团雾，慢慢渗透入消费者的内心，在他们心目中留下恒久深刻的印象。这种印象可能不是时时浮现的，但是一旦消费者在面对该产品时，就会生出似曾相识的亲切感。

广告的目的是影响顾客的购买行为，维护和加强顾客的购买概率。广告对销量的影响往往需要一段时间才能观察到，英国认知心理学家布罗德本特给出了一个贴切的比喻：销量就像一架飞机的飞行高度，广告支出就像飞机的引擎，当引擎运转时，一切都很平稳，但是当引擎停止运转时，飞机就开始下降了。

"看到"广告的并非我们的眼睛，而是大脑。人们往往会赋予那些大脑中容易提取、生活中容易见到的信息更多的权重，而对其他信息"视而不见"。熟悉的名字会立刻引起我们的注意，熟悉的品牌会影响我们的购买选择。

广告起作用的主要方式是刷新和构筑记忆结构。促销往往更倾向于经常购买的重度顾客，其销售效果无法长时间得到延续，不断打折促销反而会拉低品牌价值，容易陷入价格旋涡。广告是为了触及并影响所有类型的顾客，建立或刷新顾客对该品牌的记忆结构，使顾客在未来的购买场景中更容易联想到该品牌，从而产生购买倾向。

广告反复地露出，目的是培养消费者的心理定式和购买习惯。

"习惯效应"是指当人们习惯了一样东西以后就很难转变。对于消费品来说,核心任务就是培养消费者的习惯,习惯能够帮助消费品筑起竞争壁垒,确保溢价能力,在购买行为当中占得先机。

广告不创造购买欲,而是激发购买欲。营销专家尤金·舒瓦兹在《创新广告》中指出:广告无法创造人们购买商品的欲望,只能唤起原本就存在于百万人心中的希望、梦想、恐惧或者渴望,然后将这些"原本就存在的渴望"导向特定商品。营销要挖掘出消费者心中的欲望,并与产品的差异化卖点结合。

不要试图教育消费者,而要撬动他们的兴趣。很多品牌做广告总是想对消费者进行教育,却不能撬动消费者对品牌产生兴趣。广告的作用是让消费者对你的品牌感兴趣。消费者如果不感兴趣就不会产生关注,不容易记住,更不会产生购买的欲望。

广告的目的不只是完成销售,更重要的是解除对品牌的认知阻碍。广告不仅要打动精准的购买者,还要实现一种消费趋势和潮流。一对一的精准营销,难以实现对社会认同感和消费氛围的塑造,因为消费者都是社会动物,其选择会受到周围人和所在圈层的影响。精准营销往往局限在有限的范围,无法建立社会共识和社会场能。

广告的势能，在于从哪里发出。 媒介即传播，传播即势能，势能的强弱决定了资源的流向。广告内容与媒体环境、媒介本身，共同影响着用户对品牌的感知。要站在头部媒介的肩膀上，借用主流媒介的势能。广告投放在主流媒体，暗示着高品质、值得信赖。

如果没有品牌广告去累积、固化价值认知，那销量就是不可持续的。 现在都讲精准营销、直播电商，似乎不需要品牌广告了。其实流量、直播等方式只解决了"买""何时买""何价买"的问题，没有解决"爱"和"为什么爱"的问题。没有爱的买是单次的，是不持久的。消费者今天会因为低价买你的产品尝鲜，也会在明天因为对手价更低而转身去尝试别人的产品。

品牌的本质是认知，流量的本质是渠道。 流量型平台上的大多数广告都带有促销性质，与电商渠道连为一体，并强调销售效果，更应该归于渠道销售费用而非品牌传播费用。品牌广告的目的是在消费者头脑中建立长期持续的认知，下次在渠道看到这个产品，就会更倾向于选择它。

找到消费者心智的开关，唤醒消费者的情绪共鸣。 品牌或产品在广告中一般都要讲自身如何有用、有效，然而在充满压力与挑战、容易焦虑的环境下，品牌也要善于体察消费者的情绪，送上最及时的慰藉与正能量。在压力与焦虑之下,广告有情、有义、有共鸣也是一种有用、有效。

走心共情的形象广告是领导品牌才有的特权。品牌广告走心和共情往往是基于产品品质和市场地位已经牢牢占据了消费者心智的前提,还未成为领导品牌之时要尽量避免过于形象化和走心化的广告。

要成为"潜意识的选择",而非"有意识的决定"。广告的作用一是形成条件反射,二是建立认知偏见。人们总是偏向于选择更熟悉的品牌,熟悉的就是安全的。认知偏见帮助品牌在消费者心中做出了决策,一旦消费者将品类和品牌等同起来,该品牌就已经成功占据了心智,成为消费者潜意识的直觉选择。

广告传播是对品牌的长期投资,会在品牌价值上得到正向累积。从经济学的角度看,广告传播是企业的一种"投资"行为,以规模化的方式,挖掘出产品和服务的潜在目标用户。消费者自身对于产品的潜在需求也许不易察觉,而广告可刺激消费者产生需求,让其对产品从陌生到熟悉再到接受甚至喜爱。

34 广告的内容要瞄准顾客心智

广告的主要任务是和潜在顾客进行清晰而简洁的沟通。在现实生活中,我们不会和陌生人打哑谜,但在策划广告时,很多人却忘记了这个原则。和顾客说话时不要故作高级,一定得直接。广告的价值是发射信息、传递信息,创意要围绕着最终的目的服务。如果创意掩盖了信息、稀释了信息,潜在顾客是直接无视的。

广告要传递正确的信息,并正确地传递信息。一件商品里面有很多信息,哪些信息更重要,哪些要先被了解,哪些可以后被知晓,这些都需要广告来传递,即"传递正确的信息"。消费者如何才能看到你的信息,如何更容易地理解你的信息,这些也需要广告去解决,即"正确地传递信息"。

当广告信息具有"显著性"时,被心智"提取"的概率才会更大。

"心智显著性"是市场营销学教授拜伦·夏普在《非传统营销》中提出的概念，指广告信息在顾客心智中被主动记起的能力。如何才能提升心智显著性呢？一是信息足够简洁，二是信息尽量形象，这两者的目的都是降低记忆和提取的成本；三是重复，目的是制造记忆锚点。

广告首先要被听懂，才有被记住、被选择的胜率。很多广告喜欢讲故事、讲情怀、讲态度，对认真观看并感受这支广告的一部分观众来说，打动力确实很强，但这种广告往往渗透能力较弱。反而是内容简单直接的广告，也许打动力没那么强，但是胜在每个人都听得懂。

广告的目的不是娱乐大众，而是为了销售。每个商家都期望其广告能成为人们谈论的话题，然而人们真正喜欢谈论的不是产品，而是广告片哪里有趣。其实，大部分持续投放的看似无趣而价值点清晰的广告片对销售产品往往是有效的，潜移默化地建立了熟悉感和信任度。

创意费尽心机，不如有话直说。广告是一场心理战，一切进攻都要瞄准顾客心智，有话直说，不要费尽心机变花样。如果不能影响心智，不能触动消费，那么不管它获得多少创意奖项，也是无效的。

创意的宗旨是降低信息传播门槛，提升信息传播效能。 创意营销的目的是提升信息传播效能，适用场景有两个：一是传递的信息对于目标受众过于陌生；二是传递的信息在整个行业中过于同质化。在产品及品牌信息本身传播力很强的情况下，刻意套上创意反而会稀释已有信息的强势传播力，成为传播的阻力。

创意与创新的本质是旧元素的新组合。 广告大师詹姆斯·韦伯·扬提出"创意是旧元素的排列组合"，现代创新理论的提出者约瑟夫·熊彼特将"创新"解释为"生产要素的重新组合"，成功的创新往往来自把"旧要素"重新拆解，并匹配形成"新组合"。

创意本身一文不值，传递价值才有意义。 里斯与特劳特合著的《定位》指出，创意本身一文不值，只有为品牌定位目标服务的创意才有意义。如果缺乏品牌价值主张，就成了舍本逐末，无助于品牌心智的建立。

好创意必须体现品牌核心价值，否则越好的创意越会混淆认知。
打造强势品牌的核心要求是统一、再统一。任何分散都是资源的浪费，再好的创意如果不符合品牌理念都是对传播效果的削弱，任何对品牌资产的积累没有贡献的传播行为都是对品牌的伤害。

创意是关键性因素，执行是决定性因素。从策划方案到落地执行，中间的路径非常长。即使有很好的创意策划，执行到最后的结果可能也会走样。如果是一流的方案、三流的执行，最终获得的也是不入流的结果。但二流的方案、一流的执行，将会获得超一流的结果。成功的核心是行动的成功，而不是想法的成功。

效率大于创意。广告如果在创意上过度"内卷"，最终往往会偏离消费者的真实需求。广告成功的关键是要抓住消费者的情绪和痛点，消费者需要的是有用、有效的内容，一味地拼创意反而容易降低效率。

创意只有创造需求，有趣才会变成有效。广告的目的是触发需求，让消费者产生行动，并不只是为了有趣、有创意、有新鲜感。广告深入人心、建立条件反射才是促进行动最有效的方式，最终成为消费者不假思索的选择、潜意识的选择。

广告是对消费者大脑的投资。广告其实是一种投资，投资的是消费者的大脑。所以广告需要持续积累，要研究怎样才能给消费者留下深刻印象。广告语能不变尽量不要变，最怕的是投了一段时间就频繁更换，这样前面花的钱基本上就全浪费了。

当广告策略有效时，就不要轻易改变。 好广告就像雷达，总是在搜寻新的潜在消费者。每年都会有更多新的消费者进入市场，当你的企业或产品创作了一则成功的广告，就不妨重复地使用它，直到它的号召力减退。

广告的功能是放大核心信息，投放广告就是放大产品的购买理由。
一句好的广告语首先是销售语，是产品购买理由的广而告之。要从需求、竞争出发，围绕着产品组织语言，而不是围绕摸不着、看不到的情绪、情怀。

大部分广告不是对潜在消费者广而告之，而是企业主自说自话。
广告语并不是想出一句漂亮话，而是洞察、洞见的组合。要么激发潜在需求、要么明确竞争替代关系，进而达到两个目的：传递独特的价值，给消费者清晰的购买理由。广告的功能是放大核心信息，投放广告就是放大产品的购买理由。

广告语不是自说自话，而是消费者选择你而不选择别人的理由。
广告语要具备可信性、竞争性、传染性。可信性是要有理由和事实支撑，竞争性是要有让消费者选择你而不选择竞品的转移能力，传染性是易记易上口、戏剧化表达。

广告可容纳的文字有限，应优先使用最有说服力的信任状。广告语可以从三个方面向顾客提供"可信性"：具体、归因、信任状。广告语因具体而显得真实，归因是给出理由且符合顾客认知的因果关系，同时要善于使用信任状来体现品质保障。

广告语要简单顺口、易记易传，还要符合常识，融入文化母体。大脑有两套思考系统，人们绝大多数时间使用"快思系统"处理判断问题，因为不费脑力；"慢想系统"的运作需要耗费大量精力，因此广告要避免复杂的语言，尽量用简单的句子来表达，最好是押韵的句子或顺口溜。当广告语比较符合常识的时候，消费者更容易认知。当广告的音乐耳熟能详时，消费者更容易被带入。

好的广告语，要顾客认、销售用、对手恨。如何找到一句最能体现品牌差异化的广告语？通常有三个方法：倒逼老板，让他一句话说出客户选择你而不选择别人的理由；寻找销冠，看他如何说服客户；访谈忠诚客户，看他如何向别人推荐。

一线销售会用的广告语意味着更具销售力，也表明该广告语包含了有效的定位。如何判断一条广告语能否有效传播品牌定位？首先要满足"销售用语"要求，即一线销售人员会使用的话语，即使不是使用原话，也是提炼广告语的基础，将其演绎成更口语化的表达方式。

广告语的出圈密码是穿透力和爆破感。定位是品牌发展的方向盘，但品牌定位并不直接等于广告语。广告语的使命是让你的品牌和消费者产生关系，激发消费者对品牌的兴趣。要把品牌的战略性定位用语翻译成消费者感兴趣的沟通性语言，才能让消费者想认识你、有兴趣多看你一眼。

广告语不仅要具备侵入顾客大脑的能力，还要具备让顾客主动进行二次传播的能力。广告语要具备"传染性"，可以参考冲突戏剧、简单易记、高频诱因、社交货币几条原则。例如脑白金这个经常被吐槽的广告就利用了以上原则，它永远得不了广告界的大奖，但一直都在获得消费者的"大奖"。

35 广告不仅要趁早打,还要持续打

品牌广告是品牌从初创期走向成熟期的标志,也是品牌进行市场破圈的必经之路。品效协同的整合传播正在形成三级火箭营销模式:第一级,基于渠道力量的流量收单,强调即时的销售转化;第二级,基于社会力量的社交造势,营造消费信息环境;第三级,基于企业力量的品牌共鸣,通过品牌价值承诺赢得消费者认可并简化决策。

品牌广告的作用是利用快思维促进消费者做出有利于自己品牌的决策。品牌广告的作用不仅仅是宣传,还利用心理学的快思维在消费者决策的各个阶段产生着潜移默化的影响,在消费者必经的生活空间中持续重复地曝光。这种影响往往是不动声色的,从量变到质变,一旦越过拐点就会让品牌深入人心,取得持续的高速成长。

品牌广告的前期铺垫是产生购买的催化剂。从接触广告到完成购买，这期间消费者心理大概经历五个阶段：引起注意、产生兴趣、培养欲望、形成记忆、购买行动。品牌广告主要在前四个阶段发挥作用，是消费者形成认知的基础，而效果广告侧重于最后一个环节——购买行动的促进。

品牌持续增长需要反复影响用户。奥美创始人奥格威曾经问过箭牌董事长里格利："你的市场占有率已经那么大了，为什么还要继续为口香糖做广告？"里格利反问："你知道我们坐的这辆火车开得多快吗？"奥格威回答："估计每小时 150 千米。""那如果我们松开引擎呢？"

广告是占据心智的炮弹，媒体火力是决胜的核心要素。企业必须在产品、渠道和媒介三大物理战场构建事实来影响和改变消费者的认知。当产品过剩化、渠道同质化，媒介战场的行动很可能成为决定竞争胜负的重要砝码。

广告预算就像是一个国家的国防预算。品牌一旦诞生，就需要广告来维护。品牌领先者不应把广告预算看作坐等红利的投资，相反，应当把广告预算当作一种保险，防止自己因为竞争对手的攻击而失去原本的市场份额。

制造营销上的"穿透效应",穿透消费者的血脑屏障。有些企业在规划广告营销费用时,经常是"大锅饭"式地平分了这笔费用,撒一点这个媒体,追一追那个热点。这样的模式只会白白地浪费预算,要集中资源一次性单点引爆。

没有超越对手的声量,哪有超越对手的销量。从来没有一劳永逸的品牌,市场上的竞争对手永远会持续不断地出现,品牌只有敢于超额投放,才能获得更大的市场声量,抢占更大的市场份额,获得超越对手的市场销量。大规模的品牌投放一方面可以彰显实力,告诉消费者自己是头部品牌,另一方面还可以封住竞争对手的路,让对手知难而退。

广告的重要逻辑之一是要不断去创造并强化顾客心中的记忆节点。从心理学角度来说,品牌就是存在于消费者心智中的认知综合体。品牌在消费者心中的认知程度是评价一个品牌的重要指标,知名品牌总是会比普通品牌拥有更多记忆节点,因此被消费者忆及、谈论并购买的可能性才会更大。

不打广告,等于变相消失。广告的本质是投资而不是成本,是把广告费兑换成心智货币,存储在消费者的心智中。企业要敢于打广告,不打广告就会被别人的广告打。消费者是善忘的,当你停止向大众持续传递认知，被遗忘的速度比想象的要快得多。

广告是商战利器，不能投到无人区。广告语要具有"竞争性"，能否把顾客从竞争对手那里转化过来，一个重要的判断标准就是广告发布后，竞争对手会不会有反应。能让竞争对手产生危机感的广告才是真正有效的。

品牌广告在特殊时期，更能起到"保命"的作用。凯度 BrandZ™ 数据显示，新冠疫情期间那些拥有强大品牌资产的品牌获得了更快的复苏，品牌建设作为长期作用力与"品牌护城河"的作用被认证，品牌广告在提升品牌资产及长期销售增长中起到了关键作用。

有实力的品牌要敢于踩油门而不是踩刹车。经济低迷的时候，品牌往往最应该打广告。首先，消费者会更为谨慎，把钱花在更稳妥、更具确定性、信赖感更强的品牌上；其次，噪声更低，此时打广告的声量占比往往是平时的数倍；再次，对手没信心，竞争性会减弱，正是拉开差距的好时机。

广告不仅要趁早打，还要持续打，坚持越过从量变到质变的拐点，半途而废才是最大的浪费。广告要趁早打，抓住时间窗口抢先占领消费者的心智，而且一定要打透，不把水烧开就熄火才是真正的浪费。有些广告很好，但效果未达到预期，往往是因为半途而废，在市场没有起来时就停掉。

企业错失时间窗口，付出的代价才是最大的。便宜的广告往往是最大的代价。零散的曝光无法形成社会共识的引爆效应，低频的触达无法突破血脑屏障形成记忆，无法获得强有力的背书效应，甚至还会拉低品牌形象。

广告的基础目标就是创建安全感，让用户不设防。微笑是一种催眠，会让我们放下防御。品牌广告也是一种催眠，不断重复的广告让用户有熟悉的感觉，潜意识里觉得更安全。

心理暗示的累积会产生叠加效应，能够实现从量变到质变的效果。广告往往是为了形成一种条件反射和心理暗示，用特定的方式重复地向观众发出单一信息，观众潜意识内接受了这些信息，从而做出特定的心理或行为反应。

广告的本质是通过不断重复，将消费者的记忆加热到"沸点"。广告大师惠特曼在《吸金广告》中指出：你发了七次广告，人们才开始看它。广告进入人们的心智需要时间累积，所以要持续投放一段时间，等待人们接受这些信息。当你对广告感到厌烦时，顾客可能才刚开始注意并记住它。

高频触达是打造品牌的核心要素。 在低干扰的、狭小封闭的空间中，视网膜被广告充斥的时候，才是真正有效的收视，反复高频触达才能把品牌定位信息牢牢打进消费者的心中。

碎片化的曝光难以形成品牌记忆，集中持续的引爆才能突破消费者心智壁垒。 长期建设品牌，不仅是指持续地投入金钱用于品牌广告，更重要的是品牌能否坚持传递信息的一贯性和核心价值的连贯性，以及在应对善变的消费者和多变的媒介时，是否能始终如一地兑现其价值承诺。

36 过度依赖流量是自废武功

过度依赖流量,是品牌自废武功。 流量思维和价值思维有天壤之别,表面是侧重点的不同,本质却是底层运营逻辑的不同。品牌商要做品牌附加值,着力塑造品牌差异。流量广告不承认品牌附加值,尽力抹平品牌差异。创造附加值的不是流量,而是品牌。

流量是即时满足,品牌是延迟满足。 当企业把核心放在构建品牌上,品牌资产的壁垒将会越垒越高。顾客因为品牌的吸引而主动购买,交易成本降低,流量成本也因此越来越低。如果只是一直在买关键词、买流量,一旦停止投放,将没有任何积累。

品牌的核心价值是用户驱动的自有流量。 传统零售的流量是终端占有和营销推广,线上零售的流量来源于推荐流量和自有流量的平衡。品牌的价值在于形成自有流量，而非一味地购买流量。一个品牌的自有流量有多少，可以体现出品牌运营的核心能力。

企业应回归价值营销，让品牌自带流量。传统的流量逻辑把流量视作一种成功的原因，依靠流量转化销售。品牌流量的逻辑是通过构建品牌的核心竞争力，让品牌自带流量。未来的流量之战，会越来越依靠企业的基本盘——由品牌影响力形成的顾客资产。

聚焦品牌价值，减少流量依赖。头部企业在市场不稳定的时期反而更重视品牌投入，因为消费者更谨慎，把钱花在更稳妥、更具确定性、信赖感更强的品牌上；同时市场上的噪声更低，竞争性减弱。品牌敢于反向投入，会赢得更大的市场声量，抢占更大的市场份额，更快提升品牌集中度，在消费复苏阶段就能以最快的速度恢复。

品牌才是持续免费的流量。流量广告的目的是促进即时转化，所使用的媒介和文案设计都会围绕刺激用户行动的目的展开，属于一次性的冲动消费，难以培养长期的品牌偏好和消费习惯。

流量占据通路，品牌占据人心。流量的本质是渠道的一次变迁。在变迁当中，如果没有品牌支撑，流量平台最终会把利润收走。靠流量红利创收，红利就会收拾你。流量红利来得快去得也快，短期的快感并不能带来长期的发展。品牌虽然是心智占有和信任背书，但没有站到流量的对立面，品牌本身恰恰就是巨大的流量池。没有强大的品牌，最终只是平台的打工人。

无论是公域流量还是私域流量，真正有长期价值的是"心域流量"。如果说公域流量是制造品牌声量，私域流量是打造用户关系，那么，心域流量就是品牌真正可以依赖的"认同资产"。无论公域还是私域，其本质都是持续建构品牌信任，和消费者建立更加紧密的关系，与消费者实现内心的共鸣和共振。让品牌穿越传播的碎片化信息丛林，建构"品牌心域"才是破局关键。

品牌既是流量制造机，又是转化催化剂。流量逻辑是依靠流量转化销售，品牌逻辑是通过构建品牌的核心竞争力，让品牌自带流量。品牌深入人心就是持续免费的流量，同时品牌认知越强，流量广告的转化率就越高。

流量是快消品，认知是耐用品。流量用一次就要买一次，但是稳固的认知可以带来持久的、免费的流量。品牌想要长红，关注点必须从争夺流量转到建立认知，认知才是品牌最稳定、最便宜、最可以重复使用的流量。

品牌认知足够强大，流量效果就会水到渠成。研究表明，同样投放一波效果广告，拥有强大认知的品牌比擅长流量运营的品牌转化率更高。当大品牌对消费者进行广告提示时，选购该品牌的比例会提升；当小品牌对消费者进行广告提示时，选购大品牌的比例同样会提升。

认知越强，后劲越足。品牌广告和流量广告并不矛盾，品牌认知越强的公司，在流量广告上的转化率越高。由品牌建立有效的认知，再加上流量精准推送的双向组合，相当于在认知的大树下捡拾胜利的果实。

品牌与流量是硬币的两面，协同才能创造更大的价值。流量广告的本质是渠道，流量型平台上的大多数广告都带有促销性质。但促销只是一次性的，而品牌在消费者头脑建立认知之后会持续很长时间。消费者下次在渠道看到这个产品，就会更倾向于选择它。

流量与直播的作用是提升短期销量，但解决不了品牌的长期发展。精准流量与直播是促使用户即刻购买，难以创造有效的品牌认知。

首先，精准流量所接触的受众范围有限，无法破圈形成社会共识；其次，想在流量广告里讲清楚品牌价值，想靠一次直播就说服消费者产生信任是不现实的。

引爆流量不等于引爆品牌，流量红利无法沉淀品牌资产。品牌激活的过程中，最大的误区就是把引爆流量当作引爆品牌，所以跨界合作、借势营销等才会风靡互联网。这些方法的确为消费者提供了新的生活场景，但往往缺乏品牌价值主张。采用这些方法虽然可能从流量中收割利润，但品牌资产也会被流量倒灌，甚至患上流量依赖症。

流量投放的勤奋，掩盖不了品牌建设的缺失。一个产品的销售应该是"基本盘+增量"组成。品牌建设带来的是"基本盘"，流量促销手段带来的是"增量"。基本盘薄弱，增量就难以持续。对于企业而言，应该把核心精力用在致力于提高"基本盘"上。

花钱虽然能买得到流量，但买不到真正的影响力。买流量只能解决触达率的问题，剩下的问题都要靠品牌和产品自身去解决。所有的传播手段和目的，都是让品牌在用户心智中占据一个位置。没有心智份额的品牌只是短期繁荣，误把买来的流量当作自己的影响力。

买流卖货的方式意味着利润会被困在获客成本里。如果用户仅仅在流量平台上看了你一眼就下单，因为低价买你的产品尝鲜，也会在明天因为对手更低价而转身去尝试别人。流量本质上就是流动的用户，这些用户来过即走，没有过多期待，最终是个零和博弈的生意。

流量既留不住量，也留不住人心。有些新品牌希望通过流量获取更多触达，激发用户的兴趣，用户也许会尝试一次。但如果没有超出预期的惊喜，他们不会和你产生黏性，依然会回归自己认可的主流品牌。再多的流量也是用完即走，留不住的流量都成了沉没成本。

没有品牌势能的积累和心智认知的固化，流量再汹涌也是短期效应，只能带来短期刺激。而品牌的本质是心智认知，心智认知的建设需要长期努力和关键时点的引爆。任何情绪刺激，都只适合短暂的冲动性消费，对于培养长期的品牌偏好和消费习惯几乎没有帮助，因为情绪作用来得快，消散得更快。

通过流量加持快速崛起，往往是速生也是速朽的。购买流量只能解决触达率的问题，剩下的问题都要靠品牌和产品自身去解决。没有心智份额就只能是短期繁荣，误把买来的流量当作影响力。

后记

每年我都会与上千个客户交流，在交流中碰撞出的火花我会用手机做下记录；周末或假期中我会看许多书，并逐一写下读书笔记。这些思考的碎片慢慢积攒起来，组成了这本书——《利势》，也是我从事品牌营销行业30年的心得与反思。

回望2023年的国内消费市场，反弹远远不及我们的预期：人口红利消失了，消费者预期和信心不足，线下流量在腰斩，传统电商的增长日益困难，兴趣电商能增长却很难赚到钱。面对这么多的挑战，企业有什么突围之道？中国有没有进入日本20世纪80年代的"失去的20年"？类似这样的讨论甚嚣尘上。

同时，我们也目睹了过去10年营销的迷失，似乎学会了很多新技术、新算法、新营销的手段，但生活过得越来越艰难。新的流量洼地在哪里？新的增长曲线在哪儿？各种增长焦虑盘桓在企业身上经久不散。

过去渠道、流量为王，必然会出现百花齐放。但在未来存量博弈的市场中，只有一条颠扑不破的真理：品牌是商业世界中最大的马太效应。如何回归营销的本质？我在书中提炼了许多关于品牌定位、市场营销和竞争战略的理论和观点。在此特别感谢北京大学国家发展研究院管理学教授宫玉振老师，宫玉振老师在《善战者说》《铁马秋风集》等书中所阐述的竞争战略，让我理解兵法和商法的相通之处，给予我非常大的启发，我在书中也多有引用他的一些精彩论述；感谢杰克·特劳特、艾·里斯、菲利普·科特勒、彼得·德鲁克等营销学、管理学大师，他们所提出的定位理论和营销理念，每次重读都令我产生新的领悟与思考。在这本书中，或许你会找到一句直击痛点的答案，如果你想更深入地了解品牌营销的底层逻辑，我在后面列出了一系列对我影响重大的参考推荐书目，希望也能对你有所启发。

悲观者正确，但唯有乐观者才能前行。在过去的 20 年，中国一条大河一路向前，在未来 10 年，中国人对美好生活的向往也依旧没有改变，中国依旧是全球最具消费力的市场之一。无论市场如何波动，我们要做的都是时刻心存正念、做好准备，不断思考自己的独特价值，思考创业的初衷，给消费者一个选择你的理由。

我们相信，"中国式强品牌"一定可以穿越周期、韧性增长。

参考书目

艾·里斯，杰克·特劳特. 定位 [M]. 北京：机械工业出版社，2002.

艾·里斯，杰克·特劳特. 商战 [M]. 北京：机械工业出版社，2011.

艾·里斯，杰克·特劳特. 营销革命 [M]. 北京：机械工业出版社，2017.

艾·里斯，杰克·特劳特. 22条商规 [M]. 北京：机械工业出版社，2013.

彼得·德鲁克. 卓有成效的管理者 [M]. 北京：机械工业出版社，2009.

拜伦·夏普. 非传统营销 [M]. 北京：中信出版社，2016.

丹尼尔·卡尼曼. 思考，快与慢 [M]. 北京：中信出版社，2012.

大卫·奥格威. 奥格威谈广告 [M]. 北京：中信出版社，2021.

菲利普·科特勒，凯文·莱恩·凯勒，亚历山大·切尔内夫. 营销管理 [M]. 北京：中信出版社，2023.

冯卫东. 升级定位 [M]. 北京：机械工业出版社，2020.

宫玉振. 善战者说 [M]. 北京：中信出版社，2020.

宫玉振. 铁马秋风集 [M]. 北京：中信出版社，2021.

宫玉振. 定力 [M]. 北京：中信出版社，2023.

金枪大叔. 借势 [M]. 北京：北京联合出版公司，2022.

马修·威尔科克斯. 畅销的原理 [M]. 北京：北京联合出版公司，2020.

叶茂中. 冲突 [M]. 北京：机械工业出版社，2017.

张云. 品类创新 [M]. 北京：机械工业出版社，2022.